# BEI GRIN MACHT SICH IHR
# WISSEN BEZAHLT

AF139619

- Wir veröffentlichen Ihre Hausarbeit,
  Bachelor- und Masterarbeit

- Ihr eigenes eBook und Buch -
  weltweit in allen wichtigen Shops

- Verdienen Sie an jedem Verkauf

Jetzt bei www.GRIN.com hochladen
und kostenlos publizieren

GRIN

**Bibliografische Information der Deutschen Nationalbibliothek:**

Die Deutsche Bibliothek verzeichnet diese Publikation in der Deutschen National-
bibliografie; detaillierte bibliografische Daten sind im Internet über http://dnb.d-
nb.de/ abrufbar.

**Impressum:**

Copyright © 2008 GRIN Verlag, Open Publishing GmbH
Druck und Bindung: Books on Demand GmbH, Norderstedt Germany
ISBN: 9783668335455

**Dieses Buch bei GRIN:**

http://www.grin.com/de/e-book/112282/aufbau-einer-risikoberichterstattung-fuer-
die-finanzrisiken-entsprechend

Patrick Kloser

# Aufbau einer Risikoberichterstattung für die Finanzrisiken entsprechend der neuen gesetzlichen Regelungen im österreichischen Unternehmensgesetzbuch

GRIN Verlag

**GRIN - Your knowledge has value**

Der GRIN Verlag publiziert seit 1998 wissenschaftliche Arbeiten von Studenten, Hochschullehrern und anderen Akademikern als eBook und gedrucktes Buch. Die Verlagswebsite www.grin.com ist die ideale Plattform zur Veröffentlichung von Hausarbeiten, Abschlussarbeiten, wissenschaftlichen Aufsätzen, Dissertationen und Fachbüchern.

**Besuchen Sie uns im Internet:**

http://www.grin.com/

http://www.facebook.com/grincom

http://www.twitter.com/grin_com

# AUFBAU EINER RISIKOBERICHTERSTATTUNG FÜR DIE FINANZRISIKEN ENTSPRECHEND DER NEUEN GESETZLICHEN REGELUNGEN IM ÖSTERREICHISCHEN UNTERNEHMENSGESETZBUCH

## BACHELOR THESIS

zur Erlangung des Grades

Bachelor of Business Administration

Hochschule Liechtenstein

Bearbeitungszeitraum: 05.12.2007 bis 09.05.2008

Eingereicht von:

Patrick Kloser

## Vorwort

Einen wichtigen Meilenstein zum Abschluss meines Bachelorstudiums „Finanzdienstleistungen" an der Hochschule in Liechtenstein stellt diese vorliegende Bachelorthesis dar.

Das Inkrafttreten des neuen Unternehmensgesetzbuches stellte neue Anforderungen an die Risikoberichterstattung von Aktiengesellschaften. Mit der vorliegenden Arbeit möchte ich versuchen, eine solche Risikoberichterstattung für die Firma Blum zu erarbeiten.

Vergleichswerte zu finden ist nicht einfach, da Gesellschaften mit beschränkter Haftung keine Pflicht zur Publizität haben. Somit wurden große Vorarlberger Aktiengesellschaften herangezogen, da diese nach dem UGB und weiters noch nach IFRS bilanzieren und die Risiken berichterstatten.

Ohne die Unterstützung verschiedener Menschen wäre diese Bachelorthesis in dieser Form nicht zustande gekommen. Danken möchte ich dem Herrn Humpeler Gerhard und der Frau Bussolon Barbara von der Firma Julius Blum GmbH, die mir mit Rat und Tat zur Seite standen und mich immer unterstützten. Zudem gilt mein Dank dem Herrn Mag. Klaus Dittrich, meinem Betreuer seitens der Hochschule in Liechtenstein.

Besonderer Dank gilt meinen Eltern, Elisabeth und Wolfgang, die mir durch ihre langjährige Unterstützung und sehr wertvolle Begleitung dieses Studium ermöglicht haben.

## Kurzfassung

Mit der folgenden Bachelorthesis soll versucht werden, die interne Berichterstattung der Julius Blum GmbH auf die neuen gesetzlichen Regelungen des Unternehmergesetzbuches anzupassen. Der Spielraum, den dieses neue Gesetz bietet, soll genutzt werden um aufzuzeigen, wie verschieden Dinge interpretiert werden können. Vor allem der Bezug zur Praxis ist in dieser Thesis von sehr starker Bedeutung. Mit Hilfe des Treasury Systems der Firma Julius Blum GmbH soll eine interne Berichterstattung ermöglicht werden. Die Einhaltung und Interpretation des neuen Gesetzestextes und Querverweisen zu Vorschriften, die aus dem IFRS (International Financial Reporting Standards) stammen, sind die Kernpunkte und das letztendliche Ziel dieser Arbeit. Des Weiteren steht der gesetzliche Hintergedanke, auf den die gesamte Arbeit basiert, stark im Mittelpunkt. Die Berichterstattung im Unternehmen muss an diese gesetzlichen Rahmenbedingungen angepasst werden und kann nicht speziell auf den Betrieb oder auf dessen Praktiken übereingestimmt werden.

## Abstract

The following bachelor thesis deals with the adaptation of the internal reporting system of the company Julius Blum GmbH with the new legal arrangements of the "Unternehmensgesetzbuch". As this new law does not clearly define every issue, it offers companies the possibility to interpret things differently. Especially the reference to real life is most important in this thesis paper. By using the treasury system of the Blum company, an internal reporting system is developed. The compliance with the new legal regulations is the core issue of this thesis paper, because a company's reporting system cannot only be adapted to individual circumstances.

## Schlüsselwörter

Thesis – Julius Blum GmbH – IFRS – UGB – Berichterstattung – Gesetze – Geschäftsbericht – Risiko – COPS – Treasury Modell – Problemstellung – Ziele – intern – externe Finanzrisiken – Marktrisiken – Gewinne – Verluste – Zukunftsausblick

# Gliederung

# Abbildungsverzeichnis

## Abkürzungsverzeichnis

| | | |
|---|---|---|
| Abs. | — | Absatz |
| AFRAC | — | Austrian Financial Reporting and Auditing Committee |
| AG | — | Aktiengesellschaft |
| AW | — | Anschaffungswert |
| Blum | - | Julius Blum GmbH |
| bzw. | - | beziehungsweise |
| CAD | — | Kanadischer Dollar |
| CHF | — | Schweizer Franken |
| COPS | — | Computer Oriented Portfolio Solutions |
| € | - | Euro |
| GJ | - | Geschäftsjahr |
| GmbH | — | Gesellschaft mit beschränkter Haftung |
| GuV | — | Gewinn und Verlustrechnung |
| etc. | — | et cetera |
| EUR | — | Euro |
| GBP | — | Grossbritannische Pfund |
| IAS | — | International Accounting Standards |
| IFRS | — | International Financial Reporting Standards |
| KonTraG | — | Gesetz zur Kontrolle und Transparenz im Unternehmens bereich |
| lit. | - | Litera |
| LME | - | London Metal Exchange |
| MW | — | Marktwert |
| PLN | — | Polnischer Zloty |
| RL | — | Richtlinie |
| SLG | - | Schwabe, Ley und Greiner |
| SWK | — | Steuer- und WirtschaftsKartei |
| T | - | Tausend |
| UGB | — | Unternehmensgesetzbuch |

| | | |
|---|---|---|
| USA | – | United States of America |
| USD | – | Amerikanischer Dollar |
| VaR | – | Value at Risk |
| VaR gesamt | – | Value at Risk gesamt |
| VaR (K) | – | Value at Risk Kursrisiko |
| VaR (W) | – | Value at Risk Währungsänderungsrisiko |
| VaR (Z) | – | Value at Risk Zinsänderungsrisiko |
| vwd | – | Vereinigte Wirtschaftsdienste |
| YEN | – | Japanischer Yen |
| Z | – | Ziffer |
| z.B. | – | zum Beispiel |

# 1   Einführung

Meine Aufgabe in der folgenden Bachelorthesis besteht darin, herauszufinden, wie eine mögliche Risikoberichterstattung für Blum in der nahen Zukunft aussehen könnte.

Dabei wird vor allem auf die interne Berichterstattung Wert gelegt. Finanzrisiken stehen klar im Mittelpunkt, wobei vor allem die Verknüpfung der gesetzlichen Rahmenbedingungen und der betrieblichen Interessen einer der Hauptaspekte dieser Arbeit sein werden.

## 1.1 Motivationsschreiben

„Aufgabe der Risikoberichterstattung ist die strukturierte Kommunikation von Risiken, die in einzelnen organisatorischen Einheiten oder Projekten identifiziert, bewertet und mit Verantwortlichkeiten belegt werden." [1]

Die Risikoberichterstattung kam als eine Trendwelle aus den USA und wird auch in Europa immer wichtiger. Immer mehr Unternehmen bedienen sich dieser Art der Beurteilung von aktuellen Risiken und solchen, die in der Zukunft eintreten werden.

Mit dieser Arbeit werden die neuen gesetzlichen Regelungen und Änderungen, die das neue Unternehmergesetzbuch (UGB) mit sich bringt, in die Praxis umgesetzt.

Vor allem die Interpretation des Gesetzes spielt eine sehr große Rolle. Es wird nicht strikt vorgegeben, wie die Erstellung eines Risikoberichtes zu

---

[1] Bungartz (2003), S. 7

erfolgen hat bzw. was er beinhalten muss, sondern der Gesetzestext lässt sehr viel Spielraum für eigene Interpretationen und Anpassungen an das jeweilige Unternehmen. Die Motivation dieser Arbeit besteht darin, aufzuzeigen wie mit den vorhandenen Instrumenten und Quellen ein Risikobericht für den Konzern Julius Blum GmbH in der Praxis erstellt werden kann. Dabei ist sehr wichtig, dass dieses Reporting vor allem für die interne Berichterstattung durchgeführt wird. Des Weiteren gilt die Verknüpfung des Unternehmergesetzbuches mit den gesetzlichen Vorschriften des internationalen Rechnungslegungsstandards des IFRS (International Financial Reporting Standards) als bedeutend. Grundsätzlich soll der Frage nachgegangen werden, inwiefern es möglich ist, für einen Konzern eine Risikoberichterstattung durchzuführen und welchen Hilfsmitteln es bedarf.

## 1.2 Problemstellung und Zielsetzung

Da die gesetzlichen Rahmenbedingungen in vollem Umfang eingehalten werden müssen, ist es nicht möglich, eine zu 100% auf Blum abgestimmte Risikoberichterstattung zu erstellen.

Durch die Anlehnung an das Gesetz kann dieses Reporting weniger stark an den betrieblichen Hintergrund und somit nicht an die betrieblichen Interessen eines Unternehmens angepasst werden als sonstige Berichte.

Das Gesetz lässt einen gewissen Spielraum für Interpretationen und Anpassungen an das Unternehmen zu. Im Vordergrund stehen aber das Gesetz und die Anlehnung an dieses.

Der Fokus der Arbeit liegt auf der internen Berichterstattung und in diesem Bereich wiederum auf den Finanzrisiken. Wichtig ist, herauszufinden, welche Risiken entscheidend sind, um ein erfolgreiches Führen im Konzern zu ermöglichen.

Das Nachforschen und Bereitstellen von Informationen bezieht sich in diesem Fall auf die Finanzrisiken bzw. Marktrisiken. Marktrisiken haben ihm Vergleich zu anderen Risiken zweierlei Chancen, sowohl Verluste als auch Gewinne sind möglich.

Die wichtigsten Finanzrisiken sind:
- Währungsrisiko
- Zinsänderungsrisiko
- Kundenausfallrisiko

Ein weiteres Ziel der Arbeit ist, zu analysieren welche Hilfsmittel ein Konzern benötigt, um solch eine Berichterstattung überhaupt durchführen zu können.

## 1.3 Vorgehensweise

Zu Beginn wird ein kurzer Überblick über das Unternehmen Blum sowie dessen Konzernstrukturen gegeben.

Anschließend folgt ein theoretischer Input bezüglich der Definition eines Risikos und der Risikoberichterstattung. Mit der Interpretation des neuen Unternehmensgesetzbuchs und dem IFRS werden der theoretische und der praktische Teil der Arbeit verbunden.

Der Praxisbezug wird den Hauptteil der Arbeit abschließen. In diesem wird mit Hilfe des Treasury Modells von COPS GmbH, welches Blum für die Risikobewertung im Einsatz hat, dargestellt, wie Risikos bewertet werden können und wie die Berichterstattung erfolgen kann.

Dabei wird der Aspekt, dass Konzerne nicht alle Risiken der Zukunft abschätzen können, besonders interessant sein.

# 2 Das Unternehmen Julius Blum GmbH

## 2.1 Firmengeschichte

Julius Blum gründete am 1. März 1952 sein Unternehmen und produzierte sein erstes Produkt - Hufstollen.

Nach nicht einfachen Anfangsjahren entwickelt sich das Unternehmen stetig. 1958 beschleunigt ein günstiger Umstand das Firmenwachstum: Julius Blum erhält die Lizenz für die Herstellung von ANUBA-Beschlägen für Österreich. Dies ist der Einstieg in die Beschlägebranche.

In den Sechziger-, Siebziger- und Achtzigerjahren wächst Blum kontinuierlich. Der Stammbetrieb in Höchst wird vergrößert, neue Werke werden gebaut und die ersten Auslandsvertretungen in Belgien, Frankreich, Irland und Großbritannien entstehen. Das Unternehmen wird zunehmend international. Es werden neue Produktsysteme vorwiegend für Küchenmöbel entwickelt.

Eine über 50 Jahre andauernde Erfolgsgeschichte macht aus Blum heute ein international tätiges Unternehmen, welches Scharnier-, Klappen- und Auszugsysteme vornehmlich für Küchen herstellt.

## 2.2 Blum – eine starke Marke

Zielsetzung der Firma Blum ist es, das Öffnen und Schließen von Möbeln zu einem Erlebnis zu machen. Zugleich sollen die Produkte den Bewegungskomfort in allen Wohnbereichen erhöhen.

Der Fokus der Marke Blum liegt vor allem auf der Küche. Weltweit arbeiten über 4.500 Mitarbeiter daran, Blum-Beschlagsysteme mit der perfekten Bewegung zu vereinen. Den Mittelpunkt bilden dabei die Kunden, auch liebevoll Küchenbenutzer genannt.

Mit Schlagworten wie langer Lebensdauer, anerkanntem Design und durchdachten Funktionen kann Blum immer wieder überzeugen. Der ständige Dialog zu allen Küchennutzern in aller Welt sowie den Tischlern und Händlern ist sehr bedeutend für zielgerechtes Arbeiten.

## 2.3 Der Mensch als Mittelpunkt

Identifikation, Leistungsbereitschaft und Lernfähigkeit sind die passenden Worte, die dieses Familienunternehmen auszeichnen. Der Erfolg der Mitarbeiter und somit auch des Unternehmens wird mit diesen drei Worten identifiziert. Mit Hilfe von modernster Technik und innovativen Produkten wird durch gemeinsames Arbeiten versucht, ein attraktiver Partner für seine Kunden zu sein.

Als Arbeitgeber ist es heute und in der Zukunft das Ziel der Firma Blum einen Beitrag zur gesellschaftlichen Entwicklung leisten und die Menschen mit den Produkten und Lösungen auf der ganzen Welt begeistern zu können. [2]

## 2.4 Internationale Ausrichtung

Das Unternehmen Blum betreibt Produktionsstandorte in Brasilien, Polen und den USA sowie Vertriebsniederlassungen auf allen Kontinenten und kann einen Exportanteil von 97 % vorweisen.[3]

Durch ständige Innovationen, Investitionen und Internationalisierungen sind Risiken wie beispielsweise das der Währungen an der Tagesordnung. Auch der große Kapitalbedarf ist ein weiterer Grund für die Generierung von Risiken.

---

[2] Blum (2008)

[3] Simon-Kucher&Partners (08.04.2008)

Im Geschäftsjahr 06/07 (01. Juli 06 bis 30. Juni 07) betrug der konsolidierte Umsatz 1,08 Milliarden Euro, was einem Plus von 12,6 % im Vergleich zum Vorjahr entspricht. Im Durchschnitt beschäftigte die Firma Blum weltweit 4.787 Mitarbeiter, was einem Zuwachs von 430 Personen im Vergleich zum Vorjahr bedeutet.[4]

Die Unternehmens- und Führungsstruktur ist sehr klar definiert. Blum ist ein Familienunternehmen, wobei sich jeweils 26 % im Besitz von Gerhard und Herbert Blum befinden, die restlichen 48 Prozent sind in einer Privatstiftung angelegt.

## 2.5 Erfolge von Blum

„Qualität ist unser Maßstab – Design unser Anspruch."[5]

Viele internationale Titel belegen dieses Motto:

- INTERZUM Design Award
- red dot Award
- IF Design Award

Funktion und Gestaltung der Produkte geniessen aus diesen oben genannten Gründen gleich viel Wert innerhalb der Firma. Mit Produkten, welche Begeisterung auslösen und die Arbeit in der Küche zum emotionalen Erlebnis machen, kann die Firma Blum sowohl Kunden als auch internationale Designexperten überzeugen.

---

[4] Vgl. Blum (2008)

[5] Blum (2007)

# 3   Risiko - Berichterstattung

## 3.1  Risiko - Interpretation

„Die Unterscheidung zwischen Risiko und Ungewissheit meint: Wenn wir nicht sicher wissen, was passieren wird, aber die Eintrittswahrscheinlichkeit kennen, ist das Risiko.

Wenn wir aber noch nicht einmal die Wahrscheinlichkeit kennen, ist es Ungewissheit."[6]

Das Wort „Risiko" leitet sich ursprünglich vom frühitalienischen Wort „risco" ab, was „Klippe" bedeutet und mit dem der unkalkulierbare Widerstand im Kampf bezeichnet wurde. In der Folge wurde der Begriff verallgemeinert und entwickelte sich weiter. Im deutschen Sprachraum etablierte sich Risiko als kaufmännischer Begriff und bezeichnete die Gefahr im Handelsgeschäft oder etwas allgemeiner die Ungewissheit/das Wagnis, wie ein erwarteter Handel ausgeht.[7]

„Eine dynamische Weiterentwicklung des Unternehmens ist nur möglich, wenn Risiken bewusst eingegangen werden. Unternehmen, die gar keine Risiken eingehen, sind erstarrt und haben keine Perspektive. Hingegen sind erfolgreiche Unternehmen besonders gut darin, Risiken bewusst einzugehen und die damit verbundenen Chancen zu nützen."[8]

---

[6] Keitsch (2000), S. 10

[7] Vgl. Exner-Merkelt/Denk (2005), S. 28

[8] Bank Austria Creditanstalt (2005), S. 57

Risiken allgemein können heute in drei große Kategorien eingeteilt werden:[9]

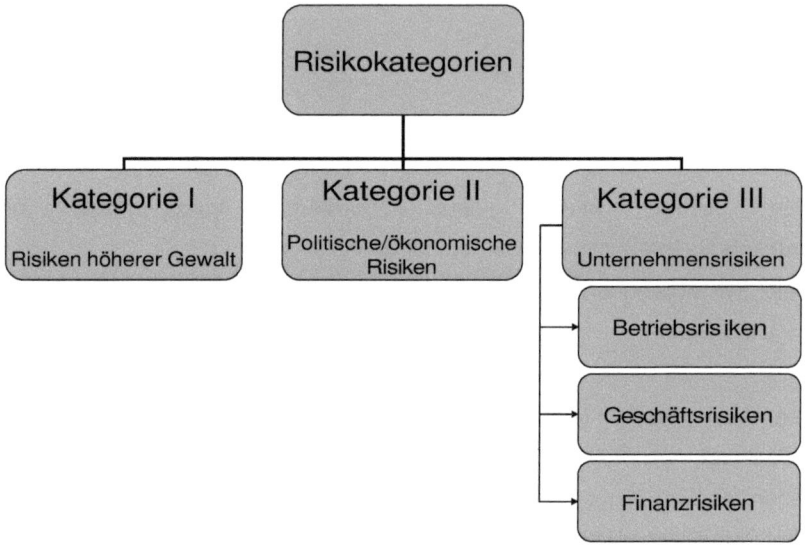

Abb. 3.1.1: Risikokategorien

Die Risiken der Kategorie I können von den Menschen nicht beeinflusst werden, dies sind natürliche Kräfte wie zum Beispiel die Überschwemmung durch den Bodensee im Jahre 1999.

Die Risiken der Kategorie II können sehr wohl mitbestimmt werden, sind allerdings nur aus bestimmten Positionen zugänglich, sprich politische Risiken können nur durch Politiker bestimmt werden, allerdings werden diese vom Volk gewählt und somit mitbestimmt.

---

[9] Keitsch (2000), S.11

In der Kategorie III werden jene Risiken aufgezeigt, die jede Firma trägt. Innerhalb dieser Aufgliederung beschränkt sich diese Thesis auf die Finanzrisiken.

Heute ist der Begriff Risiko als die Gefahr oder die Chance, dass eine negative oder positive Abweichung vom Unternehmensziel eintritt, anzusehen. Als Chancen können in diesem Zusammenhang Gewinnmöglichkeiten umschrieben werden. Auch der Bezug zu Unternehmenszielen ist entscheidend für den Risikobegriff.[10]

Über die Vorgabe solcher Ziele, die am Periodenende erreicht werden sollen, können direkt Risikos generiert werden. Meist ist das Erreichen von Zielen nur durch das Eingehen eines Risikos zu erreichen. Durch hohe Vorgaben (z.B. Steigerung der Erträge um 10 %) und hohe Ziele wird automatisch mehr Risiko generiert.

Das Eingehen von Risiken kann zu negativen Folgen oder im schlimmsten Fall auch zu Insolvenzen führen, wenn das Unternehmen den finanziellen Rahmen nicht tragen kann. Die Wesentlichkeit von Risiken ergibt sich aus der Risikohöhe und der Eintrittswahrscheinlichkeit.[11]

## 3.2 Risikoberichterstattung

Die Risikoberichterstattung kam als eine Trendwelle aus den USA und wurde durch die Entwicklungen in Europa immer wichtiger. Immer mehr Unternehmen bedienen sich dieser Art der Beurteilung von aktuellen Risiken und solchen, die in der Zukunft eintreten werden.

Durch die Risikoberichterstattung und das Risikomanagement soll versucht werden, alle betriebswirtschaftlichen Risiken zu messen und zu steuern.

---

[10] Vgl. Exner-Merkelt/Denk (2005), S. 28

[11] Vgl. Junginger (2005), S. 206

Risikoberichterstattung, eine Trendwelle?

In einer heutigen Zeit der stark und schnell wachsenden Wirtschaft und Technologie werden das Risikopotential sowie das Eingehen von Risiken immer grösser. Der Hauptgrund für diese Entwicklung liegt wohl im Kapitalmarktzusammenbruch in den Jahren 2000 bis 2002. Auch die Technologieblase – als viele Börsenspekulanten glaubten, dass neue Technologien und die Investition in verschuldete Firmen die Chance ihres Lebens sei, ist ein Grund dafür. Eine scheinbar neue Anlageform der Zukunft – nämlich immer mehr und mehr Kapital zu investieren, ohne dabei Gewinne zu erzielen, war mit entscheidend für den Ruf nach einer neuen gesetzlichen Regelung.

Als primärer Treiber für das Risikomanagement und die Risikoberichterstattung gelten sowohl Turbulenzen als auch Diskontinuitäten. Vor allem spektakuläre Unternehmensinsolvenzen wie die der Unternehmen Swiss Air, Euron oder Parmalat, machten die Einführung einer Risikoberichterstattung unumgänglich.[12]

Aus den oben genannten Gründen befasste sich der Gesetzgeber immer mehr mit diesem Thema und versuchte durch gesetzliche Regelungen solche Zusammenbrüche der Wirtschaft zukünftig zu vermeiden beziehungsweise gegen solche Trends vorzusorgen und rechtzeitig gewarnt zu werden.

Das KonTraG in Deutschland war 1998 das erste Gesetz, das erlassen wurde. Der bekannte Sarbanes-Oxley Act war ein Gesetz, dass in den USA 2002 nach den Bilanzskandalen von Enron und Worldcom zum Schutz der Investoren erlassen wurde. Dieses beinhaltet die verbindliche Regelung der Unternehmensberichterstattung. Kurz darauf folgte ein freiwilliger Corporate Governance Kodex vom Österreichischen Arbeitskreis für Corporate Governance in Österreich, der ab Oktober 2002 gültig ist. Mit

---

[12] Vgl. Exner-Merkelt/Denk (2005), S. 39

ihm sollte das Vertrauen der Aktionäre nach wilden und unübersichtlichen Jahren mit etlichen Krisen an der Börse wieder zurückgewonnen werden. Schlussendlich folgte eine Verordnung des Europäischen Parlaments im Jahre 2004 zur Änderung der Richtlinien über den Jahresabschluss von Gesellschaften. Auf allen diesen genannten Änderungen wurde das Österreichische Unternehmensgesetzbuch aufgebaut.

„Risikoberichterstattung als Bestandteil des Risikomanagements wird in der Praxis immer wichtiger. Systematische Risikomanagementsysteme befinden sich in der Praxis zum Teil noch im Aufbau. Das Risikomanagement der Industrieunternehmen wird neuerdings verstärkt analysiert."[13]

Die Bedeutung des betriebswirtschaftlichen Risikomanagements und der damit verbundenen Risikoberichterstattung ist in Anbetracht der täglichen Informationen über Unternehmensinsolvenzen und anderen Krisen sehr hoch. Bei der Berichterstattung über Risiken werden häufig zentrale Begriffe unterschiedlich interpretiert und verwendet.[14]

Darum ist es für die vorliegende Arbeit von großer Bedeutung, den Gesetzestext genauer zu analysieren (siehe dazu Kapitel 4). Schlussendlich soll aus der Interpretation des Gesetzestextes ersichtlich sein, was das Unternehmen Blum in seiner Risikoberichterstattung verpflichtend aufzustellen und zu dokumentieren hat, um dem Gesetz zu entsprechen.

---

[13] Bungartz (2003), S. 3

[14] Vgl. Walke (2007), S. 1

## 3.3 Risikomanagement

## 3.3.1 Definition Risikomanagement

„Jedes Unternehmen ist gezwungen, im Rahmen der Entfaltung seiner Tätigkeiten Risiken einzugehen. Der Unterschied zwischen Erfolg und Misserfolg liegt oftmals in der richtigen Einschätzung eines Geschäftes, einer Transaktion oder einer Bilanzposition, die einem Risiko zugrunde liegt und einem daraus abgeleiteten, gezielten Risikomanagement."[15]

Potenzielle Risiken, die die Vermögens-, Finanz- und Ertragslage eines Unternehmens mittel- und langfristig gefährden könnten, werden mithilfe des Risikomanagements identifiziert, analysiert und bewertet. Das Zielt besteht in der Sicherung des Fortbestandes eines Unternehmens, der Absicherung der Unternehmensziele gegen störende Ereignisse und in der Steigerung des Unternehmenswertes.[16]

Der Begriff Risikomanagement ist zunehmend eine zentrale Thematik in jedem Unternehmen. Dies ist vor allem auf die Globalisierung, die dynamische Weltentwicklung, neue Technologien, steigende Wertkonzentration und die daraus resultierenden Risiken auf diese strategischen Entscheidungen zurückzuführen.[17] Zusätzlich wird dieses Risikomanagementsystem vom Unternehmensgesetzbuch mittlerweile zwingend vorgeschrieben.

---

[15] Volksbank Gruppe (2007), S. 54

[16] Vgl. Romeike (2004), S. 119

[17] Vgl. Versteegen (2003), S. 2

## 3.3.2 Dreistufensystem Risikomanagement

Das Risikomanagementsystem wird nach Gesetzessicht (§243) sowie aus Sicht der Literatur und aufbauend auf Gedanken der Wissenschaft und Theorie als dreistufiges System angesehen. [18]

---

# Identifikation des Risikos

-Risikokatalog erstellen

---

Abb. 3.3.2.1: Stufe 1 – Risikoidentifizierung

„Ziel der Risikoidentifikation ist das rechtzeitige, regelmäßige, schnelle, vollständige und wirtschaftliche Erfassen aller Einzelrisiken im Unternehmen, die Einfluss auf die wesentlichen Unternehmensziele beziehungsweise auf das Zielsystem des Unternehmens haben."[19]

In der ersten Stufe wird mit der Identifizierung des Risikos begonnen, um weitere Entscheidungen treffen zu können. Die Risikoidentifizierung ist meist noch einfacher möglich als die darauf folgende Risikoquantifizierung.

Der „Value at Risk" ist die Kennziffer, die angibt, wie hoch der maximale Verlust aus allen Positionen pro Tag/Jahr mit einer bestimmten Wahrscheinlichkeit sein wird.[20]

J.P. Morgan führte dieses System im Jahre 1994 ein, seither hat es sich zum internationalen Standard entwickelt.

Anhand dieses Ergebnisses wird ein Risikokatalog aufgestellt.

---

[18] Vgl. Schierenbeck/Moser (1995), S. 663ff

[19] Vgl. Burger/Buchhart (2002), S. 31ff

[20] Vgl. Niemann (2007), S. 14ff

| **Quantifizierung und Analyse des Risikos** |
| :--- |
| - Tragfähigkeit ermitteln<br>- Kennzahlenbezug |

Abb. 3.3.2.2: Stufe 2 – Risikoquantifizierung

Das Ziel dieser Phase besteht darin, die ursächlichen Strukturen und Interdependenzen der Risiken transparent zu machen und ihre Wirkungen quantitativ offen zu legen bzw. qualitativ darzustellen.[21]

„Durch die Quantifizierung bzw. Klassifizierung der Risiken kann entsprechend ihrer Bedeutung bzw. ihres Gefährdungspotentials für das Unternehmen eine Rangordnung erstellt werden. Durch diese Priorisierung der Risiken können die Anstrengungen zur Risikosteuerung gezielt auf die wichtigsten Risiken ausgerichtet werden." [22]

In der zweiten Stufe werden die Risiken einzeln analysiert und quantifiziert/geratet. Schlussendlich wird die Höhe des Gesamtrisikos aufgestellt.

In der Phase der Risikoanalyse ist es sehr wichtig, das Wort Risiko richtig zu definieren. Zudem muss das Unternehmen wissen, wie viel Verluste es tragen kann ohne dabei illiquide, handlungsunfähig oder schlussendlich insolvent zu werden. Die Risikotragfähigkeit sollte zu gewissen Kennzahlen des Unternehmens in Bezug gesetzt werden. Je nachdem wie viel Risiko eingegangen werden soll, werden die Relationen dann definiert.

---

[21] Vgl. Wolf/Runzheimer (2003), S.57

[22] Exner-Merkelt/Denk (2005), S. 91

---

# Risikobewältigung

- Risikovermeidung
- Risikoüberwälzung
- Risikokompensation

---

Abb. 3.3.2.3: Stufe 3 – Risikobewältigung

In der dritten und letzten Stufe folgt die Risikobewältigung. Unter Risikovermeidung können Vorgabenänderungen oder neu Zielfestlegungen verstanden werden. Das Risiko kann übergewälzt werden im Sinne von es kann versichert werden. Durch die Bezahlung einer Prämie verkaufe ich das Risiko. Solche derivativen Absicherungsformen sind Devisentermingeschäfte, Optionen und Versicherungen.

Unter Risikokompensation wird verstanden, dass das Unternehmen mit den vorhandenen Strukturen und Finanzen das Risiko tragen kann.

Auf der Basis von Risikoidentifikation, -bewertung und –analyse lassen sich Risikobewältigungsmaßnahmen entwickeln. Dabei geht es um das Ausarbeiten eines Konzepts, welche Risiken eingegangen werden sollen, wie die Optimierung des Verhältnisses zwischen Risiken und Chancen erreicht wird und ab welchen Schwellenwerten bzw. Limiten Risikobewältigungsmaßnahmen getroffen werden.[23]

„Die Risikosteuerung kann auf zwei Arten erfolgen:
- Passiv, indem das Eingehen der Risiken begrenzt wird (Limitierung)
- Aktiv, indem die Risiken durch Gegengeschäfte reduziert werden (Derivate)."[24]

---

[23] Vgl. Exner-Merkelt/Denk (2005), S. 117

[24] Jendruschewitz (2003), S. 21

Unterschieden werden quantitative und qualitative Limits. Wenn beispielsweise nur in Anleihen einer gewissen Ratingklasse gehandelt werden darf, entspricht dies einem qualitativen Limit. Das Gegenteil dazu sind quantitative Limits wie beispielsweise Volumenlimite, Risikolimite und Verlustlimite (Stop-Loss-Linie).[25]

### 3.3.3 Erfordernis und Ziel des Risikomanagement

Das Erfordernis und die Notwendigkeit, ein Risikomanagement im Finanzbereich des Unternehmens zu etablieren, ist unumgänglich. Neben allgemeinen Managementinformationen über Finanzpositionen und Sicherstellung der Liquidität und Zahlungsfähigkeit eines Unternehmens, sind es vor allem die sich ständig verändernden internen und externen Rahmenbedingungen, die die Forderung nach einer Implementierung eines Risikomanagementsystems erheben.[26]

„Die Ziele des Risikomanagement bestehen darin, drohende Risiken mit ihren Auswirkungen auf die Vermögens-, Ertrags- und Finanzlage zu erkennen und ggf. frühzeitig entsprechende Gegenmassnahmen zu ergreifen. Es wird dabei eine zielgerichtete Steuerung des Risikos, nicht aber zwingend dessen Vermeidung angestrebt."[27]

Den Handlungsspielraum eines Unternehmens und die Risikotragfähigkeit zu steigern sind weitere Ziele des Risikomanagements. Die Steuerung der bestehenden und zukünftigen Risiken steht dabei im Mittelpunkt, um den Wert des Unternehmens durch Verringerung von Risiken bei bestehenden Ertragschancen zu steigern.[28] Die Risikotragfähigkeit berechnet sich vor allem aus zwei Komponenten: der Risikodeckungsmasse und dem Risikodeckungspotential. Die Risikodeckungsmasse bildet dabei das

---

[25] Vgl. Jendruschewitz (2003), S. 21f

[26] Keitsch (2000), S. 13

[27] Bartram (1999), S. 31

[28] Vgl. Volksbank Gruppe (2007), S. 55

tatsächlich eingesetzte Kapital zur Risikoabsicherung. Das Risikodeckungspotential stellt das maximal zur Absicherung verfügbare Kapital dar.[29] Von der Geschäftsführung wird verlangt, dass auf der Grundlage des Gesamtrisikopotentials die wesentlichen Risiken durch das Risikodeckungspotenzial der Unternehmung gedeckt sind und somit die Risikotragfähigkeit gewährleistet wird.[30]

### 3.3.4 Anforderungen an das Risikomanagement

Das betriebliche Risikomanagement wird als übergeordnete Kontrollinstanz angesehen.[31] Das Ziel hierbei ist ganz klar definiert, das Risiko zu kontrollieren. Die dafür nötigen Leitlinien und Ziele werden von der Geschäftsführung vorgegeben.

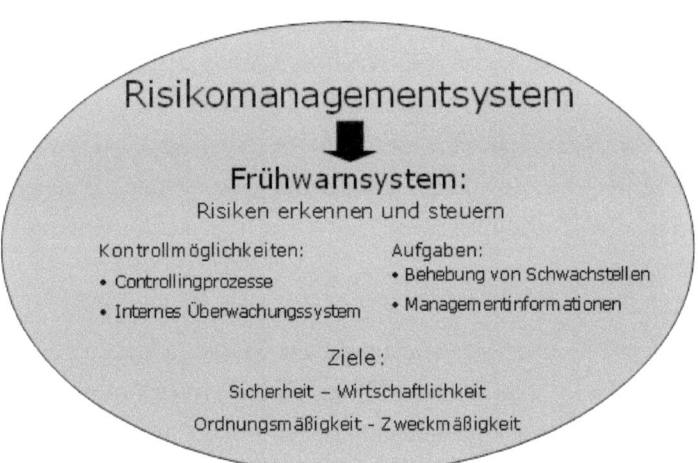

Abb. 3.3.4.1: Risikomanagement als Kontrollinstanz

---

[29] Gössi/Hortmann (2008)

[30] Vgl. Junginger (2005), S. 202

[31] Vgl. Simsek (2007), S. 46

Das Risikomanagement ist als oben dargestellte Abbildung zu verstehen.[32] Durch eine ständige Risikomessung und das Vergleichen können Abweichungen vom Ziel festgestellt werden. Anschliessend ist es möglich, die Vorgaben bzw. Ziele neu zu definieren. Von besonderer Bedeutung ist die Regelmässigkeit der Überprüfungen der Risiken.[33]

## 3.4 Finanzrisiken

### 3.4.1 Definition

„Jede unternehmerische Tätigkeit, die mit einem Risiko verbunden ist, lässt sich im Allgemeinen entweder den finanzwirtschaftlichen oder leistungswirtschaftlichen Risiken zuordnen."[34]

Eine klare Differenzierung dieser beiden Risiken ist jedoch nicht einfach. Als Beispiel können sinkende Absätze herangezogen werden. Durch Verfehlen der geplanten Absatzmengen entsteht ein Verlust, welcher eindeutig den leistungswirtschaftlichen Risiken zugeordnet wird. Durch den Rückgang des Absatzes, werden die zukünftigen Zahlungsströme vermindert (Zahlungsstromrisiko), was dem finanzwirtschaftlichen Risiko entspricht.

Die nationalen Grenzen für Finanzgeschäfte wurden abgeschafft, denn der Handel mit Aktien, Devisen und Renten findet inzwischen weltweit statt. Ohne Zweifel ist diese freie Entfaltung eine große Chance für jedermann, allerdings darf das Risiko, das dabei eingegangen wird, nicht unterschätzt werden.

---

[32] Vgl.Keitsch (2000), S. 52

[33] Vgl.Keitsch (2000), S 52f

[34] Walke (2007), S. 99

Aufgrund der oben genannten Schlagworte und Entwicklungen rücken Risiken immer mehr ins Bewusstsein.

Grundsätzlich gibt es eine Unterscheidung zwischen Finanzrisiken, Betriebsrisiken und Geschäftsrisiken.

Die Finanzrisiken untergliedern sich wiederum in drei Teilbereiche:

- Marktpreisrisiken
- Ausfallrisiken
- Liquiditätsrisiken

Die Marktpreisrisiken sind in der folgenden Abbildung der Arten von Risiken in den direkten Finanzrisiken zu finden. Die indirekten stellen die Ausfallrisiken dar. Das Liquiditätsrisiko beschreibt die Sicherstellung einer jederzeitigen Zahlungsbereitschaft des Schuldners und ist eher ein Geschäftsrisiko oder strategisches Risiko und darum nicht in der folgenden Abbildung vorhanden. [35]

---

[35] Vgl. Blum interne Darstellung

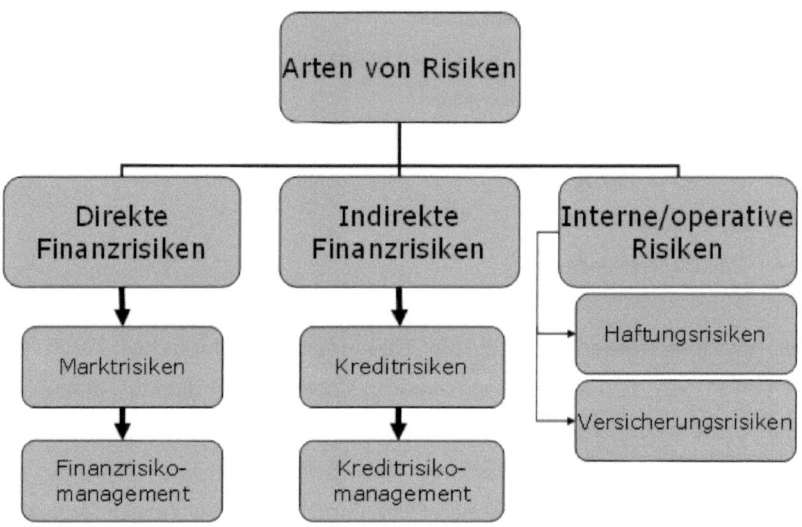

Abb. 3.4.1: Arten von Risiken

Der Fokus dieser Bachelorthesis liegt in der oben abgebildeten Grafik vor allem auf den direkten und indirekten Finanzrisiken. Die internen und operativen Risiken sind in dieser vorliegenden Arbeit nicht von großer Bedeutung. Dabei sind folgende spezifische Risiken von Bedeutung:

- Währungsrisiko
- Zinsänderungsrisiko
- Kursrisiko
- Rohstoffrisiko

Der Grund dafür liegt darin, dass für Blum diese Kennzahlen in ihrer Branche von grösster Bedeutung sind und größere Vorarlberger Aktiengesellschaften wie Wolford AG oder Zumtobel AG bei deren Risikoberichterstattung ähnlich vorgehen. Die später folgenden weiteren Finanzkennzahlen und die Abwicklungsrisiken sind als Zusatz zu sehen, um einen genauen Überblick über die Vielzahl der Risiken, denen Blum gegenübersteht, gewährleisten zu können.

## 3.4.2 Währungsänderungsrisiko

Das Anlegen von Geld in fremden Währungen ist immer mit einem gewissen Risiko verbunden, da sich die Umrechnungskurse ständig ändern. Ein aktuelles Beispiel hierfür wäre der Vergleich Euro zu Dollar Kurs. Bei der Einführung des Euros war der Dollar verhältnismässig zum Euro noch mehr wert, mittlerweile bekommt man für einen Euro 1,587 Dollar (Stand: 14.04.2008). Dies zeigt das Risiko bei der Veranlagung von Kapital in Fremdwährungen.

Folgendes Beispiel soll dieses Risiko veranschaulichen: Es bestehen 100.000 Dollar offene Forderungen. Aktuell ist ein Euro 1,587 Dollar wert. Die Chance und Gefahr liegt nun darin, dass der Kurs steigt oder fällt.

Szenario 1: Kurs fällt auf 1,550 Dollar pro Euro. Somit beträgt der Gewinn 1.504 Euro (64.516 Euro − 63.012 Euro).

Szenario 2: Kurs steigt auf 1,600 Dollar pro Euro. Der Verlust beträgt 512 Euro (63.012 Euro − 62.500 Euro).

Das Unternehmen Blum saldiert das Währungsrisiko, speziell das aus Cashflows. Der Rest wird mit Devisentermingeschäften zu 50 % abgesichert. Das Positionsrisiko wird mit Saldierungsgeschäften reduziert. Tochtergesellschaften im Ausland investieren teilweise in Euro und nicht nur in die jeweilige Landeswährung.

## 3.4.3 Zinsänderungsrisiko

„Unter dem Zinsänderungsrisiko werden marktzinsbedingte Vermögensrisiken verstanden, die entweder in Form von Zinsüberschuss- und/oder Barwertrisiken auftreten."[36]

Zinsposition und Marktzinsvolatilitäten sind die zwei Unterscheidungspunkte bei der Messung dieses Risikos. Das Volumen, auf das sich die Verzinsung bezieht, wird auch Zinsposition genannt und wird vom Unternehmen bestimmt. Die Marktzinsvolatilitäten (Zinsveränderungen und Änderungen der Zinsstruktur) werden an den Finanzmärkten gebildet und beeinflussen den Wert einer Zinsposition. Aus der Unternehmenssicht können diese nicht gesteuert werden und sind exogene Kräfte.[37]

Folgende Risikoszenarien können eintreten:

Szenario 1: Bei einer Anlage von 100.000 Euro mit einer fixen Verzinsung von 5 % besteht das Risiko, dass der Zinssatz während der Anlagezeit fällt, angenommen auf 4,5 %. Somit wäre der jährliche Gewinn durch die fixe Verzinsung 500 Euro.

Szenario 2: Bei einer Anlage von 100.000 Euro mit einer fixen Verzinsung von 5 % besteht das Risiko, dass der Zinssatz während der Anlagezeit steigt, angenommen auf 5,5 %. Somit wäre der jährliche Verlust durch die fixe Verzinsung 500 Euro.

---

[36] Walke (2007), S. 102

[37] Vgl. Walke (2007), S. 102 ff

Das Zinsänderungsrisiko ist vom Unternehmen Blum nicht steuerbar. Es werden gewisse Limits ausgegeben, diese werden dann von Vermögensverwaltern extern gesteuert.

## 3.4.4 Kursrisiko

Dieser Begriff stammt aus der Finanzwirtschaft und beschreibt mögliche Wertschwankungen/Preisänderungen einzelner Investments. Aktien beschreiben beispielsweise den Unternehmenswert. Beeinflussende Faktoren für den Aktienwert sind Patente, Eigenkapitalausstattung oder Qualität der Geschäftsführung. Es ist möglich, einen Teil des Kursrisikos durch Diversifikationen zu eliminieren, was dann als unsystematisches Risiko bezeichnet wird.[38]

Um wieder zum in Kapitel 3.4.1 aufgezeigten Beispiel zurückzukehren, sind folgende Szenarien denkbar:

Szenario 1: Der Kurs der Wolford – Aktie, die sich im Besitz einer Privatperson befindet, steigt von 70 auf 75. Der Kursgewinn beträgt 5 Euro pro Aktie.

Szenario 2: Der Kurs der Wolford – Aktie, die sich im Besitz einer Privatperson befindet, fällt von 70 auf 65 Euro. Somit entsteht ein Kursverlust von 5 Euro pro Aktie.

Das Kursrisiko wird bei Blum mit dem Value at Risk gemessen. Beschränkt wird dieses Risiko durch das Festsetzen von gewissen Limits.

---

[38] Vgl. Hypo Landesbank Vorarlberg (2007), S. 4

## 3.4.5 Rohstoffrisiko

Dieses Risiko ist von grosser Bedeutung für Blum. Es beschreibt die Veränderung der Rohstoffpreise und das damit verbundene Risiko, dass der Rohstoff in Zukunft wesentlich teurer oder billiger sein könnte. Auch eine damit verbundene Knappheit von Rohstoffen muss in dieser Kennzahl berücksichtigt werden.

Dieses reine Cashflowrisiko wird ähnlich wie das Währungsrisiko gesichert, nur statt Devisentermingeschäften bilden Rohstoffswaps hier die Absicherung.

Wichtig ist hierbei zu erwähnen, dass es derzeit keinen geregelten Markt (Börse wie z.b. LME) für Stahl (Bandstahl) gibt und es somit nicht möglich ist einen Marktpreis festzustellen. Rohstoffe können vom Unternehmen Blum nur dann gesichert werden, wenn es einen gültigen Marktpreis dafür gibt. Die wichtigsten Rohstoffe sind Nickel Zink und Aluminium. Deren Sicherung beschränkt sich auf eine reine finanzielle, so genannte Preisabsicherungen der zukünftigen Cashflows. Für die Beschaffung und die Verfügbarkeit von Rohstoffen ist die Einkaufsabteilung zuständig.

Natürlich gibt es neben diesen vier Hauptrisiken noch mehrere andere Risiken, die von Bedeutung sind. Diese nun folgenden Risiken werden im Unternehmen Blum je nach Art und Möglichkeit mit verschiedenen Instrumenten gesichert. Gängige Methoden sind dabei Richtlinien, Ratings, Debitorenmanagement und Kreditversicherungen.

## 3.4.6 Weitere Finanzrisiken

### Kundenausfallrisiko

Beim Kundenausfallrisiko gibt es keine Möglichkeit, Gewinne oder Verluste zu realisieren. Das Risiko besteht darin, dass der Kunde das Produkt nicht abnimmt oder nicht mehr zahlungsfähig ist.

Diesem Risiko vorzubeugen ist direkt nicht möglich, allerdings kann durch die Analyse der vergangenen Geschäfte mit Kunden möglichst viel über sie bzw. deren Glaubhaftigkeit in Erfahrung gebracht werden. Wichtige Kennzahlen dabei sind Zahlungsbereitschaft, Pünktlichkeit und Auftragsvolumen.

### Emittentenrisiko

Unter dem Emittentenrisiko versteht man das Insolvenz werden eines Anleihen Emittenten.

Im Emittentenrisiko ist auch das Bonitätsrisiko enthalten. Unter Bonität wird die Gefahr der Zahlungsunfähigkeit eines Partners verstanden. Um das Bonitätsrisiko möglichst gering zu halten, werden so genannte Ratings durchgeführt, damit besser eingeschätzt werden kann, wie sich dieses Risiko entwickelt.[39]

Diese Richtlinien werden bei Blum verwendet. Unternehmen werden nach bekannten Methoden geratet. Eine dieser bekannten Agenturen ist Standard & Poor´s. Diese haben ein System entwickelt, in welches die Unternehmen eingestuft werden. Dabei gibt es eine Unterscheidung von dem Buchstaben AAA bis C (AAA, AA, A, BBB, BB, B, CCC, CC, C). A ist als die beste Klasse zu bezeichnen, es handelt sich um sehr zuverlässige und stabile Schuldner. Wird ein Schuldner mit dem Rating C bewertet, handelt es sich um einen eher unzuverlässigen Schuldner. Eine Ratingänderung wirkt sich auf den Kurs der Anleihe aus. Bei Finanzanlagen sollte das

---

[39] Vgl. HYPO Landesbank Vorarlberg (2007), S. 4

durchschnittliche Rating des Depots im Schnitt mindestens A erreichen, im schlimmsten Fall BBB. (noch Investment Grade). Dieses Rating findet darum Anwendung, da eine sonstige Beurteilung des Risikos in Zahlen nur sehr schwer oder gar nicht darstellbar ist. Auch Limits gehören zu den Instrumenten, die hier angewendet werden können. Wird eine Bank oder ein Unternehmen schlecht geratet, wird das Limit für die maximale Investitionssumme dementsprechend gering sein.

Ein beispielhaftes Limit bei Blum ist, dass nie mehr als ein bestimmter Prozentsatz der liquiden Mittel bei einer Bank veranlagt werden dürfen.

<u>Liquiditätsrisiko</u>

„Im Allgemeinen ist Liquidität ein Ausdruck für die Schnelligkeit und Leichtigkeit, mit der sich eine Kapitalanlage zu einem fairen Preis verkaufen lässt."[40]

Als Liquiditätsrisiko werden zwei Finanzrisiken bezeichnet:

- Marktliquiditätsrisiko

Dieses beschreibt die Handelbarkeit oder Liquidität eines Investments. Damit verbunden ist das Risiko, aufgrund mangelnder Marktliquidität oder spürbaren Kursschwankungen ein Investment nicht zum gewohnten Preis verkaufen zu können.[41]

- Refinanzierungsrisiko

Dieses tritt ein, wenn ein Bedarf an liquiden Mitteln besteht, jedoch diese nicht vorhanden sind. Somit beschreibt das Refinanzierungsrisiko benötigte Zahlungsmittel, die nicht oder nur zu erhöhten Kosten beschafft werden können.[42]

---

[40] Weder Di-Mauro (2006), S. 10

[41] Vgl. HYPO Landesbank Vorarlberg (2007), S. 4

[42] Vgl. HYPO Landesbank Vorarlberg (2007), S. 4

Cashflowrisiko

Allgemein werden unter dem Cashflow alle künftigen Zahlungsströme eines Unternehmens verstanden. Das Risiko besteht nun darin, dass der Ist - Cashflow vom Plan - Cashflow abweicht und es somit zu Veränderungen gegenüber der Planung kommt. Gründe für die Veränderung des Cashflows können Kurs- oder Zinsschwankungen sein.[43]

„Bei der Cash-Flow-Analyse wird meist die Barwertmethode bevorzugt. Mit dieser Methode wird der unter einem gegebenen Zinsszenario abgezinste, heutige Wert eines in der Zukunft fälligen Betrages ermittelt."[44]

Folgende Risikoszenarien können eintreten:

Szenario 1: Die variabel vereinbarten Zinsen fallen bei einer Schuld von 100.000 Euro von 2 % auf 1,5 %. Somit können 500 Euro an Zinszahlung eingespart werden, da nur mehr 1.500 Euro an Zinsen fällig sind.

Szenario 2: Die variabel vereinbarten Zinsen steigen bei einer Schuld von 100.000 Euro von 2% auf 2,5 %. Somit müssen statt 2.000 nun 2.500 Euro an Zinsen bezahlt werden.

Bei Ausschluss des Cashflow- oder des Zinsänderungs-Kursänderungsrisiko folgt meist sofort das Eintreten des anderen Risikos.

Beispiel zum Szenario 1:
Würden beispielsweise die variabel verzinsten 2% Zinsen in einen fixen Zinssatz umgewandelt werden, würde das Cashflowrisiko eliminiert

---

[43] Vgl. Weber/Hess (2004), S. 39

[44] Keitsch (2000), S. 60

werden. Die Umwandlung in einen fixen Zinssatz würde das Risiko der Zinsänderung, wie im Kapitel 3.4.2 beschrieben, generieren.

### 3.4.7 Abwicklungsrisiken

Zu den Abwicklungsrisiken zählen folgende Risiken:

- Transferrisiko
- Länderrisiko
- Inflationsrisiko
- Politik- und Regulierungsrisiko

Ein Abwicklungsrisiko ist beispielsweise das Transferrisiko. Es kann maximal der vertraglich festgelegte Betrag bekommen werden. Das Risiko besteht darin, dass im Auslandsgeschäft durch politische Maßnahmen oder ähnliche Vorfälle der Kapitaltransfer erschwert wird oder gar nicht mehr möglich ist.[45]

Das Länderrisiko ist sehr eng mit dem Bonitätsrisiko des jeweiligen Staates verknüpft. Politische oder wirtschaftliche Risiken in einem Staat können Auswirkungen auf die in diesem Staat ansässigen Partner haben.[46] Steuern gelten als Haupteinnahmequelle eines Staates und sind das wichtigste Instrument zur eigenen Finanzierung.[47] Somit muss Investments in politisch unsicheren Ländern besondere Beachtung geschenkt werden. Vor allem Südamerika gilt in diesem Zusammenhang als sehr risikoreiches Gebiet, mit hohen Inflationsraten und Kursschwankungen. Für eine sichere Investition sollte eine gewisse politische Stabilität gegeben sein.

---

[45] Vgl. HYPO Landesbank Vorarlberg (2007), S. 4

[46] Vgl. HYPO Landesbank Vorarlberg (2007), S. 4

[47] Vgl. Neuendorf (2007), S. 35

Das Inflationsrisiko hängt wiederum mit den steuerlichen Aspekten eines Landes zusammen. In einem politisch unstabilen Land mit einem stark schwankenden Kurs der Landeswährung ist es nicht sehr sinnvoll, eine große Investition zu tätigen. Die Inflation beschreibt den Anstieg des Preisniveaus. Das Risiko besteht darin, dass dieses so hoch steigt, dass die getätigte Investition in der Landeswährung im Vergleich zur Ausgangswährung nichts mehr wert ist.

Entscheidenden Einfluss auf das Politik- und Regulierungsrisiko nehmen vor allem internationale politische Entwicklungen, Änderungen in der Regierungspolitik, Besteuerung und andere Entwicklungen im Rechtswesen. Auch an Börsen kann die mehr oder weniger strenge Regulierung ausgenutzt werden.[48]

Im folgenden Kapitel wird der Gesetzestext analysiert und interpretiert. In Kapitel 3 wurde ein allgemeiner Überblick über die möglichen Risiken gegeben. In Kapitel 4 kann nun genauer darauf eingegangen werden, welche Risiken für Blum durch das Gesetz vorgeschrieben werden und welche für das Unternehmen von grösster Bedeutung sind.

---

[48] Vgl. Deutsche Bank Gruppe (2006), S. 80

# 4 Das neue Unternehmensgesetzbuch - § 243

## 4.1 Einführung

Per 1. Jänner 2007 wurde das österreichische Handelsgesetzbuch durch das Unternehmensgesetzbuch ersetzt. Die wesentlichste Änderung ist, dass anstelle des Kaufmanns der Unternehmer als Adressat gilt.

Mit dem Rechnungslegungsänderungsgesetz von 2004 wurde die Berichterstattung im Lagebericht wesentlich erweitert und der Lagebericht somit deutlich aufgewertet. Der Fokus liegt jetzt vor allem auf dem Geschäftsverlauf des Unternehmens. Insbesondere die Darstellung der Risiken und Ungewissheiten wurde in dieses neue Gesetz sehr stark aufgenommen, vor allem die Errichtung eines Risikomanagementsystems ist Hauptbestandteil dieses neuen Gesetzes. Die Anforderungen sind somit im Vergleich zum Handelsgesetzbuch beträchtlich gestiegen.[49]

Im Zusammenhang mit der Risikoberichterstattung gilt es herauszufinden, wie das neue UGB die Risikoberichterstattung abhandelt und wie diese gesetzesgerecht zu erfolgen hat. Die Bestimmungen über den Lagebericht finden wir im Unternehmergesetzbuch im § 243 und die des Konzernlageberichtes im § 267, welche beide im Anhang dieser Arbeit ersichtlich sind.

Der § 243 und der § 267 sind sich betreffend des Wortlauts sehr ähnlich, sogar fast übereinstimmend und daher arbeiten wir in weiterer Folge vor allem mit dem § 243.

---

[49] Barborka/Bauer/Sterl (2005)

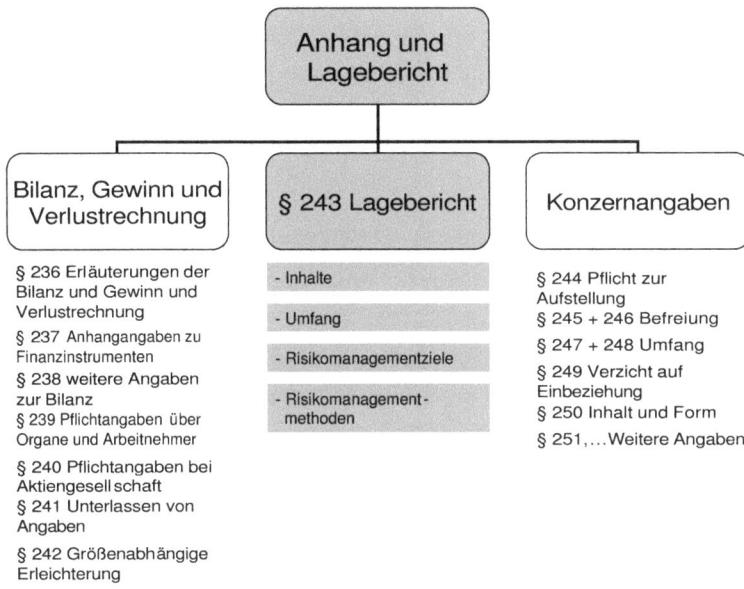

Abb. 4.1.1: Übersicht Unternehmensgesetzbuch

Die oben ersichtliche Darstellung gibt einen Überblick über den fünften Teil des Unternehmensgesetzbuchs, den Anhang und den Lagebericht. Für diese Arbeit entscheidend und somit für die weitere Folge der Interpretation des Gesetzes wesentlich ist die in der Mitte farblich unterlegte Säule, der § 243.

Auf den folgenden Seiten wird der Gesetzestext analysiert und die damit verbundenen Absichten des Gesetzgebers interpretiert.

## 4.2 Interpretation des Gesetzes

Das neue Gesetz bringt viele unbekannte Komponenten mit sich, für die es keine gesetzliche Erklärung gibt. Somit wird viel Spielraum für eigene Interpretationen gewährt.

Die nun folgende Interpretation des Gesetzestextes ist sehr stark auf das Risikomanagement bezogen und in weiterer Folge fokussiert diese speziell auf den Finanzrisiken, die bei Blum existieren und somit für diese Thesis massgeblich sind.

Es folgt ein kurzer inhaltlicher Überblick über den § 243 des Unternehmensgesetzbuches, welcher im Anhang ersichtlich ist.

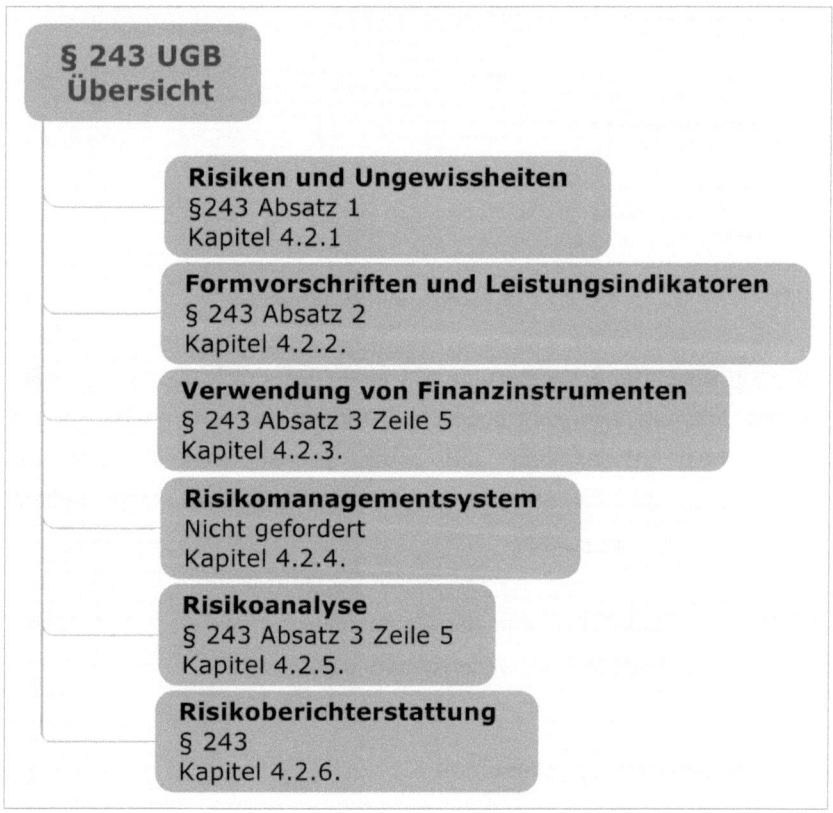

Abb. 4.2.1.1: § 243 Kapitelübersicht

In der Abbildung 4.2.1 sind die wichtigsten Schlagworte des Gesetzes ersichtlich, die im Fokus dieser Arbeit stehen. Zusätzlich werden die jeweiligen Gesetzesvermerke und die dazugehörigen Kapitel aufgezeigt, um einen besseren Überblick zu gewährleisten.

Es beginnt mit dem Geschäftsergebnis als zwingender Bestandteil der Lageberichterstattung. Im Handelsgesetzbuch wird dieses Wort nicht näher erläutert, und gibt somit jedem die Chance, diesen Begriff selbst zu definieren. Rohatschek beschreibt in der Stellungnahme zur Lageberichterstattung das Geschäftsergebnis als jenes Ergebnis aus dem Jahresabschluss, welches zur Darstellung des Geschäftsverlaufes am Besten geeignet ist.[50]

### 4.2.1 Risiken und Ungewissheiten

Gemäß UGB § 243 Abs. 1 sind in einem Risikobericht die wesentlichen Risiken und Ungewissheiten zu beschreiben. Hierfür gibt es aber keine detaillierte Beschreibung, was genau darunter verstanden wird. Die AFRAC verweist in ihrer Stellungnahme zur Lageberichterstattung auf geschäftstypische bzw. unternehmenstypische Risiken. Allgemeine, versicherte Risiken sind nicht anzuführen, geschäfts- und unternehmenstypische Risiken (bsp. Hochwasserrisiko) sind selbst dann anzuführen, wenn eine Versicherung abgeschlossen wurde.[51]

Die Steuerberatungskanzlei Binder&Partner beschreibt die Risiken und Ungewissheiten als Gefahren oder Chancen, denen das Unternehmen ausgesetzt ist. Da der Gesetzestext hier keine zahlenmäßigen Angaben erfordert, wird in der Praxis wohl eine verbale Erläuterung der verschiedenen Risiken (Marktrisiko, Zinssatzrisiko, Fremdwährungsrisiko etc.) ausreichen.[52]

---

[50] Vgl. Rohatschek (2006), S. 9

[51] Vgl. Barborka/Bauer/Sterl (2005)

[52] Binder&Partner (2008)

## 4.2.2 Formvorschriften und Leistungsindikatoren

Die ausgewogene Form, in der die Lageberichterstattung laut § 243 UGB Abs. 2 zu erfolgen hat, interpretiert die AFRAC so, dass sowohl Chancen als auch Risiken angeführt werden müssen. Dies kann als das negative und positive Abweichen vom Ergebnis interpretiert werden.[53]

Das Gesetz schreibt vor, auf die wichtigsten finanziellen Leistungsindikatoren einzugehen und sie mit den ausgewiesenen Beträgen zu erläutern.

„Als wichtig ist ein Leistungsindikator dann zu verstehen, wenn er für das Verständnis von Geschäftsverlauf, einschließlich des Geschäftsergebnisses und der Lage des Unternehmens erforderlich ist. Diese für einen innerstaatlichen Gesetzestext etwas unbestimmte Formulierung der RL soll durch die Kriterien der Größe des Unternehmens und der Komplexität der Geschäftstätigkeit konkretisiert werden. Im Sinne eines beweglichen Systems wird dabei an den jeweils anderen Faktor kein so strenger Maßstab anzulegen sein, wenn ein Faktor stark ausgeprägt ist."[54]

„Als finanzielle Leistungsindikatoren sind die gängigen Kennzahlen der finanzwirtschaftlichen und erfolgswirtschaftlichen Analyse (z.B. Erfolgskennzahlen insbesondere Rentabilitätskennzahlen, Kennzahlen der Vermögens- und Kapitalstruktur, Finanzierungskennzahlen) und die Kapitalflussrechnung (Geldflussrechnung) zu verstehen."[55]

---

[53] Vgl. Rohatschek (2006), S. 18

[54] Versicherungsverband Österreich (21.06.2007), S. 11

[55] Versicherungsverband Österreich (21.06.2007), S. 12

### 4.2.3 Verwendung von Finanzinstrumenten

Weiters ist für die Berichterstattung die Angabe der Verwendung von Finanzinstrumenten wichtig. Die AFRAC beschreibt damit finanzielle Schulden und Vermögenswerte. Zusätzlich verweist die AFRAC noch auf den Anwendungsbereich von IAS 39: Finanzinstrumente. Dieser Standard regelt die Bewertung von Verbindlichkeiten, Vermögenswerten und den Kauf oder Verkauf von Verträgen über nichtfinanzielle Posten. Laut AFRAC ist der Begriff Finanzinstrumente auch nach den geltenden IFRS Bestimmungen zu interpretieren.

Gezielt gefordert vom Gesetzgeber im Unternehmensgesetzbuch § 243 Abs. 3 Z5 lit. a sind in diesem Kontext die Wörter Risikomanagementziele und –methoden. Die Ziele sind massgeblich für das Eingehen von Risiken und den damit verbundenen Folgen, wie in Kapitel 3 schon erwähnt wurde. Unter den damit verbundenen Methoden werden die Absicherungen aller wichtigen geplanten Transaktionen verstanden.

Gezielt für das Unternehmen Blum stellt sich hier die Frage, was genau alles bekannt gegeben werden muss. Entscheidend ist in dieser Thesis zusätzlich noch die Bewertungsmöglichkeit der Finanzinstrumente. Die Firma Blum als Gesellschaft mit beschränkter Haftung müsste laut UGB die Bilanzwerte ausweisen, allerdings dürfen Aktiengesellschaften, die nach IFRS bilanzieren, Marktwerte ausweisen.
Der Herr Rohatschek teilte mir per E-Mail mit, dass die AFRAC in ihrer Stellungnahme genau diese Themen abhandelt und dass die Finanzinstrumente in Höhe der jeweiligen Währung anzugeben sind. Sollten diese nicht in dieser Form aus der Bilanz zu entnehmen sein, muss die Überleitung dieser Werte dargestellt werden. Zusätzlich verwies er

dabei noch auf das Gesetz und die Stellungnahme der AFRAC vom Dezember 2006.

Es ist für die Firma Blum sehr wohl möglich, ihre finanziellen Vermögenswerte nach IFRS und somit bewertet zu Marktpreisen darzustellen, allerdings müssen sämtliche Berechnungen und Änderungen der Zahlen angegeben werden.[57]

| | Bewertung laut UGB | Aufwertung | Marktpreis |
|---|---|---|---|
| Depot mit Geldmarktpapieren | 100 | 10 | 110 |

Tab. 4.2.3.1: Überleitung von UGB auf IFRS

In der folgenden Arbeit werden Annahmen an bestehende Geschäftsberichte angelehnt. Diese Geschäftsberichte stammen von zwei grossen Vorarlberger Aktiengesellschaften, der Wolford AG und Zumtobel AG. Von grosser Bedeutung ist dabei, dass diese ihre Geschäftsberichte nach IFRS erstellen, und somit nicht direkt mit dem UGB vergleichbar sind. Allerdings werden diese als Vergleichswerte herangezogen, da die Literatur im Zusammenhang mit dem UGB auch immer wieder auf die Bestimmungen des IFRS verweist.

Auch die Wolford AG macht zu den Risikomanagementziele und – methoden keine einzelnen Angaben, sondern beschreibt lediglich die Form der Absicherung - wie zum Beispiel beim Bonitäts-/Ausfallrisiko mithilfe von Kreditversicherungen bei der Prisma Kreditversicherungs AG. Die Finanzinstrumente werden als vertraglich basierende wirtschaftliche Vorgänge, die einen Anspruch auf Zahlungsmittel beinhalten, beschrieben.[58]

---

[57] Vgl. Rohatschek (2006), S. 11

[58] Vgl. Wolford (2007), S. 86

Risikomanagementziele und Methoden sind laut dem Gesetz ebenfalls anzugeben, die AFRAC sieht dafür keine spezielle Definition vor.

In der Praxis, wie aus dem Geschäftsbericht der Wolford AG 06/07 ersichtlich, versteht man hierbei nur die allgemeine Beschreibung von Finanzinstrumenten und den jeweiligen wesentlichen Risiken.[59]

Auch die Zumtobel AG baut diesen Teil der Berichterstattung in ihrem Geschäftsbericht 06/07 so auf.[60]

## 4.2.4 Risikomanagementsystem

Die Gestaltung des Risikomanagementsystems wird vom neuen Gesetz nicht explizit vorgeschrieben. Ohne ein Risikomanagementsystem würde es jedoch keine fundierte Risikoberichterstattung geben. In anderen Gesetzen wie dem Aktiengesetz ist ein Risikomanagementsystem zwingend vorgeschrieben, darum wurde dieses auch in diesen Gesetzestext übernommen. Dieses interne Überwachungssystem schreibt dem Unternehmen vor, mit welchen Instrumenten gefährdende Entwicklungen rechzeitig erkannt werden sollen.

„Waren bislang die Inhalte der diesbezüglichen Risikoberichterstattung nämlich weitgehend ungeregelt, schreibt der Gesetzgeber im Unternehmensgesetzbuch § 243 Abs. 3 Z5 lit. a nunmehr vor, dass der Lagebericht auch auf die Risikomanagementziele und -methoden der Gesellschaft einschließlich ihrer Methoden zur Absicherung aller wichtigen Arten von Transaktionen, die im Rahmen der Bilanzierung als Sicherungsgeschäfte erfasst werden, eingehen muss. Die Verpflichtung zur

---

[59] Vgl. Wolford (2007), S. 86ff

[60] Vgl. Zumtobel (2007), S. 122ff

Führung eines Risikomanagementsystems tritt damit noch deutlicher hervor; dem Risikomanagementsystem wird zugleich ein Mindestrahmen gegeben."[61]

Die AFRAC wiederum meint zum § 243 Abs. 1 nur, dass eine Verpflichtung zum Risikomanagement nicht gefordert wird, lediglich im Zusammenhang mit finanziellen Risiken verlangt § 243 Abs. 3 Z 5 eine verpflichtende Angabe der Risikomanagementziele und -methoden.[62]

Baborka/Bauer/Sterl beschreiben das interne Kontrollsystem immer mehr als unumgänglich. Sämtliche aufeinander abgestimmte Methoden und Massnahmen, die dazu dienen, das Vermögen zu sichern, die Genauigkeit und Zuverlässigkeit der Abrechnungsdaten zu gewährleisten und die Einhaltung der vorgeschriebenen Geschäftspolitik zu unterstützen, sind unter dem Kontrollsystem zu verstehen.[63]

### 4.2.5 Gesetzlich vorgeschriebene Risikoanalyse

„Eine systematische Risikoanalyse muss nunmehr mindestens die Preisänderungs-, Ausfall- und Liquiditätsrisiken sowie auch das Cashflowrisiko umfassen, denen die Gesellschaft hinsichtlich des Einsatzes von Finanzinstrumenten ausgesetzt ist. Insofern schreibt der Gesetzgeber aber nur einen Mindestumfang vor, über den zu berichten ist." [64]

Ein weitergehendes Risikomanagement muss somit im Interesse von jeder Gesellschaft sein. Im oben ersichtlichen Gesetzestext wird dem Unternehmen ganz klar vorgeschrieben, welche Risiken unbedingt

---

[61] BWL-Bote (2008)
[62] Rohatschek (2006), S. 19
[63] Vgl. Barborka et al. (2005)
[64] Vgl. BWL-Bote (2008)

berichtet und somit analysiert werden müssen. Im später folgenden Bericht werden diese Kennzahlen für Blum dargestellt. Unter Preisänderungsrisiken werden aufgrund von Vergleichen zum Jahresbericht der Wolford AG[65] und der Zumtobel AG[66] Zinsänderungs-, Währungs-, Kursänderungs-, und Rohstoffrisiken verstanden.

## 4.2.6 Risikoberichterstattung

Die Risikoberichterstattung war schon seit 1998 im Lagebericht vorgeschrieben, durch die Neuregelung im Unternehmensgesetzbuch 2005 wurde diese nochmals durch die zwingende Einbeziehung von finanziellen Leistungsindikatoren in die Analyse des Geschäftsverlaufes erheblich verschärft.[67]

Das neue Gesetz schreibt vor, dass für den Adressaten entscheidungsrelevante Risiken zu berichten sind. Solche Risiken liegen insbesondere vor, wenn die Gefahr einer deutlichen Verschlechterung der wirtschaftlichen Lage des Unternehmens besteht. Schwerpunkt der Berichterstattung bilden die branchen- und geschäftsspezifischen Risiken, insbesondere Risikokonzentration.[68]
Vor allem die Absätze 2 und 3 im § 243 UGB sind hier massgeblich. Die Quantifizierung der Risiken wird ausdrücklichst empfohlen, falls dies möglich und wirtschaftlich vertretbar ist.

---

[65] Vgl. Wolford (2007), S. 86 ff

[66] Vgl. Zumtobel (2007), S.122 ff

[67] Vgl. BWL-Bote (2008)

[68] Vgl. Barborka/Bauer/Sterl (2005)

## 4.3 Anwendung der Interpretation im Unternehmen Blum

Es gilt zu erwähnen, dass wie vorher schon berichtet die Firma Blum eine Gesellschaft mit beschränkter Haftung ist und somit nicht den gleichen Publikationspflichten wie eine Aktiengesellschaft (wie Wolford AG oder Zumtobel AG) unterliegt. Trotzdem sind diese Aktiengesellschaften zum Vergleich geeignet, da auch sie in der Praxis nach dem Gesetz arbeiten und somit auch nach Gesetz bilanzieren und Bericht erstatten müssen.

Der Fokus wird hier auf die Berichterstattung der Finanzrisiken gelegt, wie schon vorab in dieser Thesis festgelegt. Wichtig ist, anhand des oben beschriebenen Gesetzestextes herauszufinden, was Blum benötigt und was gesetzlich vorgeschrieben ist.

Nach dem folgenden Kapitel, welches das aktuelle Treasury-System des Unternehmens Blum vorstellt, wird die konkrete Ausarbeitung der Berichterstattung folgen.

# 5   Systemvoraussetzungen

## 5.1 Systemarchitektur bei Blum

Das Unternehmen Blum hat schon eine sehr weit entwickelte Systemarchitektur im Treasury Bereich mit diversen Schnittstellen entwickelt.

In der Abbildung 5.1.1 ist eine vereinfachte Form dieser Darstellung ersichtlich.

Das SLG (Schwabe, Ley und Greiner) Web Treasury liefert die Daten der Tochtergesellschaften

Das folgende Treasury System von COPS, welches sich PMS nennt, liefert die dazugehörigen Daten und erstellt Berechnungen über die Risikokennzahlen. Zusätzlich ist es möglich, Berichte über die Rendite, den VaR, die Limitverwaltung und die Portfoliovolatilität zu generieren.

Die benötigten aktuellen Marktwerte, welche sich sekündlich ändern werden immer aktuell vom vwd Portfoliomanager ins PMS eingespielt. Somit wird sichergestellt, dass zu jeder Zeit mit den aktuellsten Kursen gerechnet und berichtet wird.

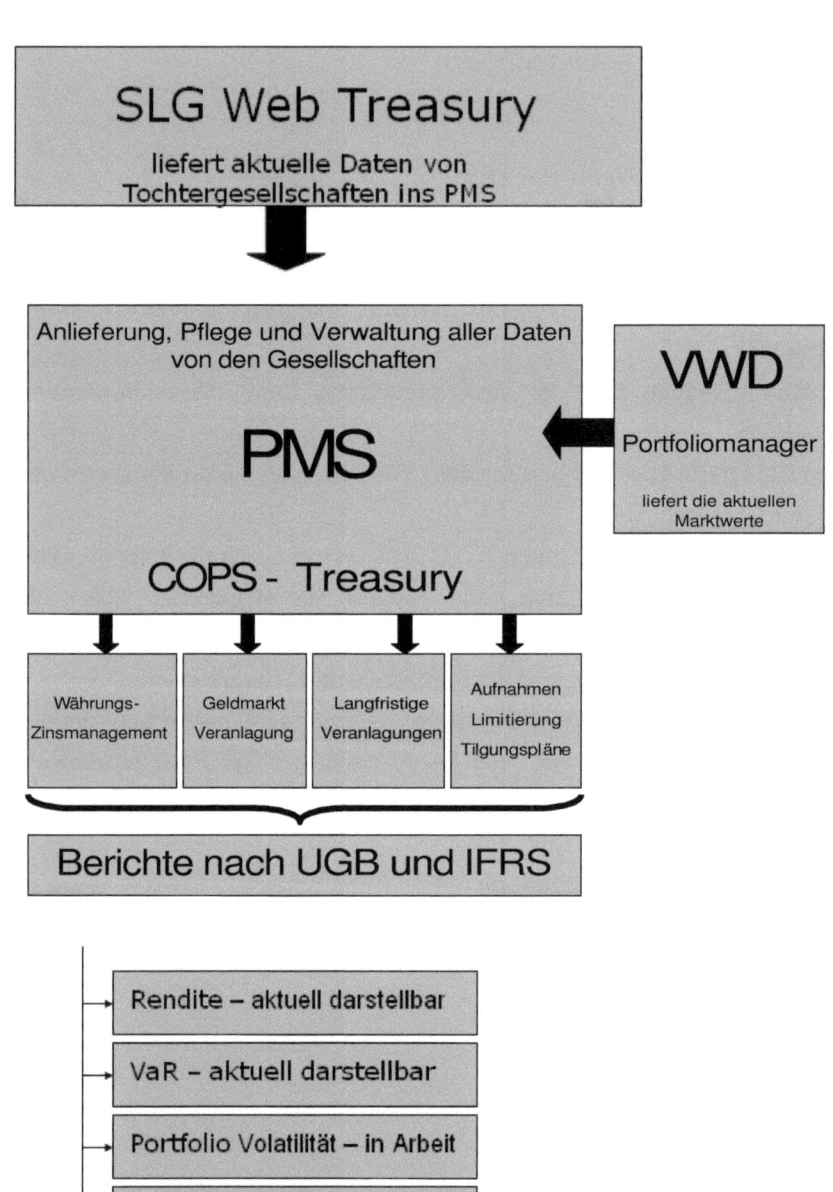

Abb. 5.1.1: Systemarchitektur der Julius Blum GmbH – Treasury

## 5.2 SLG Web Treasury

„Schwabe, Ley & Greiner wurde 1988 gegründet und ist heute eines der führenden europäischen Beratungsunternehmen im Bereich Finanz- und Treasury Management."[69]

Das SLG Web Treasury bildet im Unternehmen Blum die Plattform für die Berichterstattung der Tochtergesellschaften. Schlagworte wie einfache Handhabung und vielfältige Auswertungsmöglichkeiten zeichnen diese von SLG entwickelte Software aus.[70]

Manuell werden jeweils zu Monatsende die Werte von den Tochtergesellschaften eingetragen und über diese Schnittstelle ins PMS transportiert.

## 5.3 COPS GmbH

„COPS, ein erfolgreiches österreichisches Unternehmen, konzentriert sich auf Software für den Finanzdienstleistungsbereich. Weltweit vertrauen seit 1979 Kunden mit Vermögenswerten in Milliardenhöhe auf die Zuverlässigkeit und die stetige Weiterentwicklung von COPS integrierten Produkten."[71]

„COPS bietet Komplettlösungen für unterschiedliche Aufgabenbereiche des Finanzdienstleistungssektors. Diese Lösungen für Kapitalanlagegesellschaften, Treasury, Marktrisiko, Basel II und zahlreiche andere Einsatzgebiete werden als Gesamtpaket angeboten, das von der

---

[69] Schwabe/Ley/Greiner (2008)

[70] Vgl. Schwabe/Ley/Greiner (2008)

[71] COPS (2007)

Beratung über die Software, vom Projektmanagement zur Integration, vom Customizing bis zum laufenden Support alles umfasst, was zur erfolgreichen Implementierung der Lösung beiträgt."[72]

## 5.4 COPS Produkte

Eine abgerundete Produktpalette für den Finanzdienstleistungsbereich, die neben den Serviceleistungen vor allem Softwareprodukte aus dem Bereich Portfolio- und Risikomanagementbereich anbietet, wird von COPS zur Verfügung gestellt.[73]

Die Systemintegration, die durch individuelle Programme von COPS abgedeckt wird, ist ebenfalls sehr wichtig.

- Treasury und Risikomanagement    PMS
- Corporate Treasury    PMS Corporate
- Portfoliomanagement    PM1e
- Integration    XIP

Risk-, Treasury- und Portfoliomanagement sind die Schlagworte, die das PMS am besten beschreiben. Das PMS ist eines der Produkte, die COPS zur Verfügung stellt. Umfassend kann dieses Tool auch als integrierte Softwarelösung für die drei oben genannten Gebiete angesehen werden.[74]

Risikomanagement, Bewertung von Finanzinstrumenten, Portfoliomanagement/-optimierung und Asset-Liabilitymanagement sind nur einige der Teilgebiete, welche dieses System abdeckt.[75] Durch die Möglichkeit der funktionalen Anpassung des Systems an jeden Kunden,

---

[72] COPS (2007)

[73] Vgl. COPS (2007)

[74] Vgl. COPS (2008)

[75] Vgl. COPS (2008)

den modularen Aufbau und bewährte Lösungen für viele Einsatzbereiche befindet sich dieses Tool auch in der Verwendung bei Blum.[76]

Es ist gesamthaft gesehen ein sehr umfangreiches System, bei dem FairValue-Berechnungen und Barwerte meistens die Basis bilden. Ein zusätzlich möglicher Export in Excel ist bei PMS ebenso vorhanden wie ein flexibles Reportingsystem.[77]

Durch die Flexibilität dieses Systems und die Einstellbarkeit aller erforderlichen Einzelparameter ist dieses System sehr gut für die Zukunft gerüstet und wird vermutlich von Anfang an für jede neue Struktur gerüstet sein.[78]

## 5.5 VWD – Portfolio Manager

„Die vwd group ist ein führender Dienstleister für Finanzinformationen in Europa. Sie aggregiert, veredelt und verbreitet globale Finanzmarktdaten für das Retail Banking, Private Banking und Wealth Management. Zudem verfügt sie über langjährige Erfahrung in der Entwicklung und dem Betrieb von Wertpapier-handelsplattformen."[79]

Mit bedarfsgerecht aufbereiteten Finanzmarktinformationen sowie den passenden Applikationen und Services sind Banken, Finanzdienstleister, Emittenten und Medien systematisch erfolgreicher. Schon seit nahezu 60 Jahren hilft das modulare Produkt- und Dienstleistungsangebot der vwd group Finanzmarktprofis und Privatinvestoren, Entscheidungen zu treffen, die Vermögen sichern und mehren.[80]

---

[76] Vgl. COPS (2008)

[77] Vgl. COPS (2008)

[78] Vgl. COPS (2008)

[79] vwd group (2007)

[80] Vgl. vwd group (2007)

Inhaltlich und technologisch umfassender Service gehören zum Angebot der vwd group (bestehend aus vwd AG und Tochtergesellschaften). Die vwd group besticht durch Ihren einzigartigen Service im Sinne des Kunden, für jede Aufgabe steht ein Ansprechpartner in der jeweiligen Tochtergesellschaft bereit.[81]

Der vwd market manager bildet bei Blum die Schnittstelle zwischen dem PMS und der Datenbeschaffung in Bezug auf die aktuellen und jeweils verändernden Kurse von Rohstoffen, Fremdwährungen und der jeweiligen täglichen Bewertung dieser und Richtigstellung in der Bilanz und GuV.

---

[81] Vgl. vwd group (2007)

# 6 Berichterstattung

## 6.1 Allgemeine Informationen

Dieser Teil der Thesis wird auschliesslich auf die Firma Blum zugeschnitten und nur auf die firmenspezifischen Risiken eingehen.

Zu Beginn wird ein kurzer Überblick über die verschiedenen Kontoarten und deren Risiken gegeben.

In den nun folgenden Tabellen sind alle wichtigen Positionen der Vermögensseite von Blum ersichtlich, die direkt mit den wesentlichen Risiken in Verbindung stehen. Zusätzlich zu den jeweiligen Risiken sind auch die jeweiligen Methoden zur Absicherung des Risikos abgebildet. Diese Methoden werden im Unternehmen derzeit verwendet.

Es stehen auf der Aktivseite der Bilanz des Unternehmens Blum folgende kurzfristig gebunden Vermögenspositionen:

| Aktiva | Risiko | Absicherungmethode | Messung |
|---|---|---|---|
| Girokonto | Währungsrisiko | Derivate | Value at Risk |
| | Abwicklungsrisiko | Richtlinien | nicht möglich |
| | Emittentenrisiko | Richtlinien | Rating |
| | Cashflowrisiko | Derivate | Cash Flow at Risk |
| Festgeld | Währungsrisiko | Derivate | Value at Risk |
| | Zinsänderungsrisiko | Derivate | Value at Risk |
| | Abwicklungsrisiko | Richtlinien | nicht möglich |
| | Emittentenrisiko | Richtlinien | Rating |
| | Cashflowrisiko | Derivate | Cash Flow at Risk |
| Wertpapier Geldmarkt | Währungsrisiko | Derivate | Value at Risk |
| | Zinsänderungsrisiko | Derivate | nicht möglich |
| | Kursrisiko | Derivate | nicht möglich |
| | Abwicklungsrisiko | Richtlinien | nicht möglich |
| | Emittentenrisiko | Richtlinien | Rating |
| | Cashflowrisiko | Derivate | Cash Flow at Risk |

Tab. 6.1.1: Kurzfristige Vermögenswerte der Aktivseite

Langfristig gebunden finden sich auf der Aktivseite der Bilanz des Unternehmens Blum folgende Positionen:

| Aktiva | Risiko | Absicherungmethode | Messung |
|--------|--------|---------------------|---------|
| Aktien | Währungsrisiko | Derivate | Value at Risk |
|  | Kursrisiko | Derivate | Value at Risk |
|  | Abwicklungsrisiko | Richtlinien | nicht möglich |
|  | Emittentenrisiko | Richtlinien | Rating |
|  | Cashflowrisiko | Derivate | Cash Flow at Risk |
|  | Liquiditätsrisiko | Richtlinien | nicht möglich |
| Renten | Währungsrisiko | Derivate | Value at Risk |
|  | Zinsänderungsrisiko | Derivate | Value at Risk |
|  | Kursrisiko | Richtlinien | nicht möglich |
|  | Abwicklungsrisiko | Richtlinien | nicht möglich |
|  | Emittentenrisiko | Richtlinien | Rating |
|  | Cashflowrisiko | Derivate | Cash Flow at Risk |
| Rohstoffe | Währungsrisiko | Derivate | Value at Risk |
|  | Kursrisiko | Derivate | Value at Risk |
|  | Versorgungsrisiko | Richtlinien | nicht möglich |

Tab. 6.1.2: Langfristige Vermögenswerte der Aktivseite

Auf der Passivseite der Bilanz des Unternehmens Blum finden sich folgende Positionen:

| Passiva | Risiko | Methode | Messung |
|---------|--------|---------|---------|
| Kredit | | | |
| Zinsbindung langfristig | Währungsrisiko | Derivate | Value at Risk |
|  | Zinsänderungsrisiko | Derivate | Value at Risk |
|  | Abwicklungsrisiko | Richtlinien | nicht möglich |
|  | Cashflowrisiko | Derivate | Cash Flow at Risk |
| Kredit | | | |
| Zinsbindung kurzfristig | Währungsrisiko | Derivate | Value at Risk |
|  | Zinsänderungsrisiko | Derivate | Value at Risk |
|  | Abwicklungsrisiko | Richtlinien | nicht möglich |
|  | Cashflowrisiko | Derivate | Cash Flow at Risk |

Tab. 6.1.3: Vermögenswerte Passivseite

Zusätzlich zu den Aktiv- und Passivpositionen bergen die spezifischen Absicherungsmethoden auch gewisse Risiken. Die wichtigsten derivaten

Finanzinstrumente der Firma Blum sind Devisentermingeschäfte, Optionen und Swaps (sowohl Zins- als auch Währungsswap).

Insgesamt gilt festzuhalten, dass in den oben genannten Positionen sehr viele verschiedene Risiken vorhanden sind. Um auf alle Risiken gesondert einzugehen und diese zu bewerten, würde der Umfang dieser Arbeit nicht ausreichen. Darum werden wir uns, wie schon im Theorieteil, auf die vier wichtigsten sowie die zusätzlich vom Gesetz geforderten Risiken beschränken.

## 6.2 Cash Flow at Risk

Bekannte Risikodarstellungen reichen heutzutage nicht mehr aus, um eine moderne Liquiditätssteuerung eines Unternehmens zu gewährleisten. Der Cash Flow at Risk Ansatz beantwortet die Frage, wie gross die Abweichung des tatsächlichen Cash Flows von einem geplanten oder budgetierten Wert mit einer bestimmten Wahrscheinlichkeit in den nächsten 12 Monaten ist. Dies wird anhand von Schwankungen der zugrunde gelegten Risikofaktoren bewertet.[82]

## 6.3 Szenariorechnungen

Unter einem Szenario wird grundsätzlich der Begriff der Aufeinanderfolge von Ereignissen verstanden. Demnach sind Szenariorechnungen mathematische Ermittlungen, bei denen verschiedene Berechnungen aufeinander folgen. Ein Beispiel für ein Szenario wäre ein sich verändernder Rohstoffpreis. Dieses angenommene Szenario würde dann beschreiben, wie sich das Rohstoffrisiko bei einer Preisänderung entwickeln würde.

---

[82] Vgl. Much-net (2008)

## 6.4 Value at Risk

Die Value at Risk-Methode, die ursprünglich aus dem Bankgeschäft zur Bewertung von Zins- und Kursrisiken stammt, eignet sich grundsätzlich, um Markt- bzw. Preisrisiken zu bewerten.[83]

Der „Value at Risk", meist als VaR abgekürzt, misst den in Währungseinheiten bewerteten Verlust, der während eines bestimmten Zeitraums mit einer vorgegebenen Wahrscheinlichkeit nicht überschritten werden darf. In der Praxis werden zwei verschiedene Methoden zur Berechnung angewendet, die historische Simulation und das VaRianz/KoVaRianz Modell.[84]

Die historische Simulation greift auf historische Marktdaten zurück und unterstellt, dass sich die Kurse in der Zukunft ähnlich wie in der Vergangenheit entwickeln werden. Dieses Modell wird vielfach für die Bewertung von Devisentransaktionen und -positionen angewandt. Beim VaRianz/KoVaRianz-Modell wird auf die Gaußsche Normalverteilungskurve zurückgegriffen. [85]

Bei beiden Modellen sind das Wahrscheinlichkeitsniveau (Konfidenz), der Zeitraum, der für die historischen Daten genutzt werden soll, und die Zeitspanne, für die diese Annahmen in der Zukunft Gültigkeit haben sollen, festzulegen, um eine relative Zuverlässigkeit der Value-at-Risk-Kennzahl-Aussage zu erreichen. Eine ständige Aktualisierung der Daten ist somit notwendig. [86]

---

[83] Vgl. Burger/Buchhart (2002), S. 121

[84] Vgl. Jendruschewitz (2008), S.6

[85] Vgl. Keitsch (2000), S. 59

[86] Vgl. Keitsch (2000), S. 59

Eine dritte Möglichkeit zur Berechnung des VaR ist die Monte Carlo Methode, eine relativ umfangreiche und zeitaufwendige Computersimulation, bei der tausende von Szenarien angenommen und subjektive Wahrscheinlichkeitsverteilungen formuliert werden. Aus diesen Zuständen und Verteilungen wird dann zufällig ein Wert ausgewählt und in die Funktion zur Bestimmung der Value-at-Risk-Kennzahl eingesetzt.[87]

Letztendlich ist jedoch in der Praxis keine eindeutige Aussage möglich, welches Verfahren zum besten Ergebnis führt. Die Frage, welches der Verfahren zur VaR–Berechnung gewählt wird, wird von jedem Unternehmen verschieden beantwortet, da die typische Portfoliostruktur für einen Methodenvergleich berücksichtigt werden muss.[88]

„Bei der Risikomessung von Finanzpositionen ist zu bedenken, dass einzelne Sensitivitätskennzahlen nicht addierbar sind, um eine Aussage über das vorhandene Gesamtrisiko zu erhalten. Daher werden diese Kennzahlen vornehmlich genutzt, um die Auswirkungen marginaler Schwankungen einzelner Risikoparameter zu messen."[89]

Beim VaR hingegen lässt sich - übergreifend über die gesamte Finanzposition mit den unterschiedlichsten Finanzinstrumenten - das Risiko in einer Kennzahl darstellen. Sensitivitäten, die Interaktion der einzelnen Risikofaktoren untereinander (Korrelationen) und die Wahrscheinlichkeiten bestimmter möglicher Marktpreisveränderungen werden mathematisch über einen bestimmten Zeitraum kombiniert und in Form eines „geldadäquaten Wertes" als Verlust- oder Risikopotential ausgedrückt.[90]

---

[87] Vgl. Keitsch (2000), S. 59

[88] Vgl. Jendruschewitz (2003), S. 109

[89] Keitsch (2000), S. 60

[90] Vgl. Keitsch (2000), S. 60

Eine besondere Schwierigkeit bei der Berechnung des VaR liegt in der Datenbeschaffung. Oft wird davon ausgegangen, dass Zeitreihen über Kursentwicklungen bereits vorliegen. Die Generierung solcher Zeitreihen, insbesondere unter Einbeziehung globaler Märkte, ist unter anderem auf Grund von Zeitverschiebungen und nationalen Feiertagen schwierig. Ausserdem stellt sich oft die Frage, welche Kurse (Schlusskurse, Höchstkurse, Tagesdurchschnittskurse, etc.) für eine solche Zeitreihe beobachtet werden sollen. Bei Finanzinstrumenten, für die kein offizieller Kurs festgestellt wird (z.B. Nullkuponanleihe mit bestimmter Restlaufzeit), stellt sich darüber hinaus die Frage, wie diese Daten ermittelt werden sollen.[91]

Einfache Berechnung des Value at Risk

Das Aktienportfolio mit einem Volumen von 250.000 Euro ist normalverteilt. Ein externer Informationsanbieter liefert den Wert der Standardabweichung, 25 %. Das Konfidenzniveau ist 95 % (Wert aus Normalverteiltentabelle: -1,645), die Haltedauer 10 Tage.

Formel für den VaR:
Volumen x Konfidenzniveau x Standardabweichung x Haltedauer
250.000 x (-1,645) x 0,25 x •(10/360) = (-) 17.135,35 Euro

Der mögliche Gewinn/Verlust beträgt mit 95 prozentiger Wahrscheinlichkeit in 10 Tagen 17.135,35 Euro.

Der grösste Teil der Risikoberichterstattung bezüglich der gesetzlich geforderten Risikenbewertung von Blum stützt sich auf die Messung des VaR.

---

[91] Jendruschewitz (2003), S. 109 f

# 7    Der Risikobericht

Zum Abschluss der vorliegenden Bachelorthesis wird die Risikoberichterstattung am Unternehmen Blum durchgeführt. Dabei werden die erwähnten und ausgearbeiteten Gesetzestexte in der Risikoberichterstattung berücksichtigt und eingearbeitet.

Der grundsätzliche Aufbau der Berichterstattung gliedert sich wie folgt:

1. Risikomanagement
2. Originäre Finanzinstrumente
3. Derivate Finanzinstrumente
4. Risikodarstellung

Entscheidend ist, dass dieser Bericht als unabhängig von der vorliegenden Arbeit anzusehen ist. Dies wäre ein Modell, wie der Bericht später im Unternehmen Blum ausschauen könnte. Somit müssen alle relevanten und geforderten Informationen enthalten sein. Dabei kann es zu Wiederholungen und Überschneidungen von Texten kommen, die bereits schon einmal in dieser Arbeit erwähnt wurden.
Allerdings wäre der Risikobericht ohne diese Textstellen unvollständig und nicht gesetzeskonform.

Alle im nun folgenden Risikobericht verwendeten Zahlen und Werte sind Annahmen und etwa auf die Größe des Unternehmens Blum angepasst. Zusätzlich wurde auf Zitate verzichtet, da diese Texte so vom Unternehmen Blum im Risikobericht verwendet werden.

# Risikoberichterstattung gemäß § 243 Unternehmensgesetzbuch

# Julius Blum GmbH

## 7.1 Gliederung des Risikoberichts

- Risikomanagement

- Finanzielle Leistungsindikatoren

- Originäre Finanzinstrumente

- Risikodarstellung

- Derivate Finanzinstrumente

## 7.2 Risikomanagement

Risikomanagement ist in der Blum-Gruppe ein integraler Bestandteil der Gesamtsteuerung des Konzerns.

Die Julius Blum GmbH mit Sitz in Höchst misst, überwacht und steuert alle Risiken der Blum-Gruppe. Die Geschäftsführung entscheidet über die Risikopolitik und genehmigt die Grundsätze des Risikomanagements. Das Festlegen von Limiten und Konzernrichtlinien gehören zu den Hauptaufgaben.

Im Speziellen wird das Währungs-, Zins-, Kursänderungs- und Rohstoffrisiko durch interne Richtlinien gesteuert.

Die Blum-Gruppe unterscheidet folgende Risikokategorien:

- Marktrisiken
  - o Währungsänderungsrisiko
  - o Kursrisiko
  - o Zinsänderungsrisiko
  - o Rohstoffrisiko
- Kreditrisiko/Ausfallrisiko
- Liquiditätsrisiko
- Cashflowrisiko

Die aktuell gültigen Konzernrichtlinien in der Blum-Gruppe sind folgende:

I.    Konzern Treasury (April 2002)

Die Richtlinie legt Ziele, Grundsätze und Aufgaben sowie Kompetenzen für das Treasury Management in der Blum Gruppe fest. Die Richtlinie zeigt die grundsätzliche Aufgabenverteilung zwischen den einzelnen Gesellschaften und dem Treasury im Stammhaus auf.

II.   Bankenpolitik (Mai 2002)

Die Richtlinie regelt die Ansätze bzw. Vorgehensweise für die Aufnahme, Pflege und Abbruch von Bankverbindungen.

III.  Cash Management

Die Richtlinie regelt die Vorgangsweise für das Cash Management. Diese umfasst die Kontendisposition im kurzfristigen Geldhandel und dem Zahlungsverkehr.

Alle Richtlinien gelten für das Stammhaus und für die Gruppengesellschaften. Die Umsetzung verlangt eine Bedachtnahme auf das Ausmass lokaler Ressourcen.

## 7.3 Finanziellen Leistungsindikatoren

Die wichtigsten Kennzahlen für das Unternehmen Blum stellen der Umsatz und der durchschnittliche Mitarbeiterstand dar.

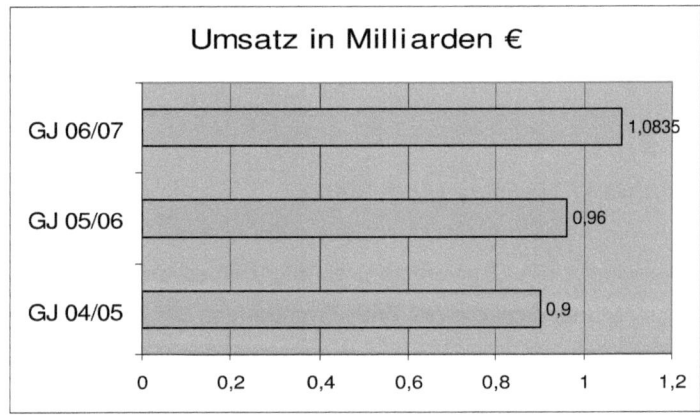

Abb. 7.3.1: Umsatz in Milliarden €

Der Beschlagshersteller Julius Blum GmbH verzeichnet im per 30. Juni 2007 beendeten Wirtschaftsjahr 2006/2007 erneut ein gutes Wachstum. Das Unternehmen konnte den Umsatz der gesamten Gruppe gegenüber dem Vorjahr um 12,6 % auf Euro 1,0835 Mrd. steigern. Die Konjunktur in den großen Wirtschafsträumen zeigte kein einheitliches Bild. In Europa war die Entwicklung erfreulich, während sich die Stimmung in Nordamerika bereits Ende 2006 aufgrund des abflauenden

Immobilienmarktes eintrübte. Die asiatischen Märkte wurden von einem sehr positiven Konjunkturverlauf geprägt.[92]

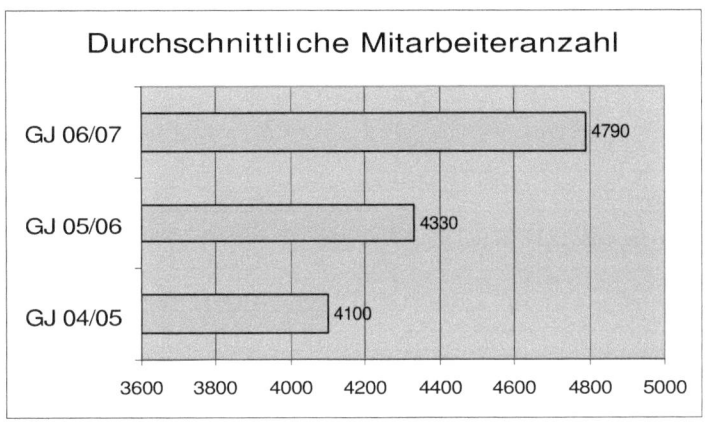

Abb. 7.3.2: Durchschnittliche Mitarbeiterzahl

Durchschnittlich haben 4790 Mitarbeiter zur Erreichung des Umsatzes beigetragen, was einem plus von 460 Mitarbeitern zum Vorjahr bedeutet.

## 7.4 Originäre Finanzinstrumente

Finanzinstrumente sind auf Vertrag basierende wirtschaftliche Vorgänge, die einen Anspruch auf Zahlungsmittel beinhalten. Gemäß IAS 32 und IAS 39 gehören hierzu einerseits originäre Finanzinstrumente wie Forderungen und Verbindlichkeiten aus Lieferungen und Leistungen oder Kassenbestände, Guthaben bei Kreditinstituten, Finanzforderungen und Finanzschulden.

---

[92] Blum (2008)

Die Volumen in Euro für die originären Finanzinstrumente sind bewertet zu Marktpreisen und sehen bei Blum wie folgt aus:

| | | GJ 06/07 in T € | GJ 05/06 in T € | Veränderung zum Vorjahr |
|---|---|---|---|---|
| Forderungen aus Lieferungen und Leistungen | | 25.000 € | 23.000 € | 2.000 € |
| - Girokonto | 5.000 € | | | |
| - Festgeld | 6.000 € | | | |
| - Wertpapier Geldmarkt | 7.000 € | | | |
| - Aktien | 8.000 € | | | |
| - Renten | 10.000 € | | | |
| Finanzanlagen | | 36.000 € | 30.000 € | 6.000 € |
| Verbindlichkeiten aus Lieferungen und Leistungen | | 18.000 € | 20.000 € | -2.000 € |
| - Kredit Zinsbindung kurzfristig | 25.000 € | | | |
| - Kredit Zinsbindung langfristig | 20.000 € | | | |
| Finanzschulden | | 45.000 € | 40.000 € | 5.000 € |
| Summe Originärer Finanzinstrumente | | 124.000 € | 113.000 € | 11.000 € |

Tab. 7.3.1: Originäre Finanzinstrumente

Folgende Aufwertungen haben stattgefunden:

| | Wert laut Bilanz 30.06.2007 | Aufwertung nach IFRS | Marktwert 30.06.2007 |
|---|---|---|---|
| Forderungen | 25.000 € | 0 € | 25.000 € |
| Girokonto | 5.000 € | 0 € | 5.000 € |
| Festgeld | 6.000 € | 0 € | 6.000 € |
| Wertpapier Geldmarkt | 6.400 € | 600 € | 7.000 € |
| Aktien | 7.400 € | 600 € | 8.000 € |
| Renten | 9.200 € | 800 € | 10.000 € |
| Verbindlichkeiten | 18.000 € | 0 € | 18.000 € |
| Kredit Zinsbindung langfristig | 25.000 € | 0 € | 25.000 € |
| Kredit Zinsbindung kurzfristig | 20.000 € | 0 € | 20.000 € |
| Summe | 122.000 € | 2.000 € | 124.000 € |

Tab. 7.3.2: Aufwertung zu Marktpreisen

Die wesentlichsten Risiken bei Blum sind jene, die laut Gesetz bewertet werden müssen und die in diesen originären Finanzinstrumenten vorhanden sind und nun folgen.

## 7.5 Marktrisiken

Die Blum-Gruppe verwendet für die Berechnung des Risikos das Tool COPS. Unterstützt wird dieses durch die Anlieferung von aktuellen Marktdaten des Anbieters vwd.

Die Berechnung und Messung der Marktrisiken erfolgt mit Hilfe des Value at Risk (VaR). Das Konfidenzintervall beträgt 99 Prozent und die Haltedauer einen Tag.

Die folgende Tabelle gibt einen Überblick über die Value at Risk aus dem Währungsänderungsrisiko (W), dem Zinsänderungsrisiko (Z) und dem Kursrisiko (K).

| | Volumen | | | | | |
| | AW | MW | VAR (W) | VAR (Z) | VAR (K) | VAR gesamt |
|---|---|---|---|---|---|---|
| Girokonto | | | | | | |
| Festgeld | | | | | | |
| Wertpapier Geldmarkt | | | | | | |
| Aktien | | | | | | |
| Renten | | | | | | |
| Rohstoffe | | | | | | |
| Kredit langfristig | | | | | | |
| Kredit kurzfrisitig | | | | | | |
| | | | | | | |
| **Summen** | | | | | | |

Tab. 7.5.1: Risikoberechnung mit Value at Risk

## 7.5.1 Währungsrisiko

Die Hauptwährungen im Konzern sind EUR, USD, GBP, Polnische Zloty, CHF, Kanadische Dollar und Yapanische Yen.

Größenmäßig sieht die Aufteilung wie folgt aus (Stand: 29.02.2008):

• EUR – 80 %

- USD – 12 %
- GBP – 2,4 %
- PLN – 1,7 %
- CAD – 0,48 %
- CHF – 0,34 %
- Yen – 0,19 %
- Sonstige – 2,89 %

Das Währungsrisiko aus den Positionen wird mit Limits beschränkt. Das Unternehmen versucht die zukünftigen Cashflows in Fremdwährungen miteinander zu saldieren. Zusätzlich werden die offenen Cashflows noch zu 50 % mit so genannten Devisentermingeschäften abgesichert.

### 7.5.2 Kursrisiko

Im Unternehmen Blum wird dieses Risiko mit Hilfe des Value at Risk gemessen und mit Limits (z.B. Rating) beschränkt.

### 7.5.3 Zinsänderungsrisiko

Das Zinsänderungsrisiko ist von Blum nicht steuerbar. Es werden gewisse Limits ausgegeben, diese werden dann von externen Vermögensverwaltern gesteuert.

### 7.5.4 Rohstoffrisiko

Die wesentlichen Rohstoffe im Blum sind Nickel, Aluminium und Zink. Die Kurse dieser Rohstoffe werden kontinuierlich und langfristig mit Verträgen fixiert.

Abgesichert werden diese Geschäfte durch Rohstoffswaps/Commodity-Swap, welche vergleichbar sind mit Devisentermingeschäften.

Das Rohstoffrisiko ist ebenfalls mithilfe des Value at Risk darstellbar.

### 7.5.5 Ausfallrisiko

Die Gesamtheit der bei den Aktiva ausgewiesenen Beträge stellen das maximale Bonitäts- oder Ausfallrisiko dar.

Es ist nicht möglich, solche Geschäfte direkt abzusichern. Indirekt kann dies durch Zahlungsverhaltensanalysen und Ratings geschehen, welche insgesamt gesehen zu den betrieblichen Richtlinien zu zählen sind.

Aufgrund der durchgeführten Ratings und den Konzernrichtlinien sind die Kunden und Kreditinstitute überwiegend als solche mit bester Bonität anzusehen, somit ist das Bonitäts- oder Ausfallrisiko als gering anzusehen. Zudem hat die Firma Blum eine konzernweite Kreditversicherung zur Absicherung dieses Risikos.

### 7.5.6 Liquiditätsrisiko

Aufgrund der Liquiditätsposition der Gruppe bestehen keine wesentlichen Liquiditätsrisiken im Bereich der kurzfristigen Finanzierung. Weiters hat die Gruppe ausreichend und zum Teil gesicherte Kreditlinien mit Banken abgeschlossen.

### 7.5.7 Cashflowrisiko

Das Cashflowrisiko kann mit Hilfe von Szenariorechnungen dargestellt und gemessen werden. Die häufigste angewandte Form ist dabei der Cash Flow at Risk.

In der nachfolgenden Tabelle ist ein Beispiel für ein Cashflowrisiko in einem Festgeld mit einer fixen Verzinsung und einer fixen Laufzeit von einem Monat.

| Festgeld | fixe Verzinsung | Zinsen |
|---|---|---|
| 1.000.000 € | 3% | 30.000 € |

| Szenario 1: | |
|---|---|
| Zinssatzänderung | 2% |
| neue Zinsen | 20.000 € |
| Cashflowrisiko | 10.000 € |

| Szenario 2: | |
|---|---|
| Zinssatzänderung | 4% |
| neue Zinsen | 40.000 € |
| Cashflowrisiko | -10.000 € |

Tab. 7.5.7.1: Beispiel Cashflowrisiko

Bei einer Zinssatzänderung würde sich für die Firma Blum je nach Szenario entweder einen Gewinn von 10.000 Euro (Szenario 1) oder einen Verlust von 10.000 Euro (Szenario 2) aus den zukünftigen Cashflows generieren.

## 7.6 Derivate Finanzinstrumente

Blum setzt derivate Finanzinstrumente zur Absicherung von Währungs-, Zinssatzänderungs-, Kurs- und Rohstoffrisiko ein. Folgende derivate Finanzinstrumente finden dabei Anwendung:

| | 30.06.2007 | | | 30.06.2006 | | |
|---|---|---|---|---|---|---|
| | Nominalbetrag | | | Nominalbetrag | | |
| | Fremd-<br>währung<br>Tausend | T € | Zeitwert T<br>€ | Fremd-<br>währung<br>Tausend | T € | Zeitwert T<br>€ |
| **Zinsswap** | 0 | 5000 | -2 | 0 | 5000 | -59 |
| **Devisentermin-**<br>**geschäfte** | | | | | | |
| GBP | | | | | | |
| USD | | | | | | |
| CHF | | | | | | |
| CAD | | | | | | |
| **Gekaufte**<br>**Optionen** | | | | | | |
| USD | | | | | | |
| **Rohstoffswaps** | | | | | | |

Tab. 7.4.1: derivate Finanzinstrumente

# 8 Fazit

Alles in allem ist die Risikoberichterstattung ein sehr aktuelles und spannendes Thema, welches in der Zukunft weder an Brisanz noch an Interesse verlieren wird, da aktuelle Firmenpleiten und Milliardenabschreibungen dieses System der Berichterstattung immer wieder in den Mittelpunkt stellt.

Die Societé Générale ist nur eines von kürzlich mehreren aufgetretenen Beispielen, welche ganz klar aufzeigen, warum diese Risikoberichterstattung und das Erkennen/Identifizieren, Quantifizieren und Bewältigen von Risiken in einer heutigen Zeit so bedeutend geworden ist.

Abschliessend bleibt die Frage zu stellen, ob mit den formulierten Minimalanforderungen dem Gesetz wirklich genüge getan wird oder ob sich grundsätzlich eine Debatte darüber entfacht, was im Einzelnen unter „gefährdende Entwicklung" zu verstehen ist. Die fehlende Konkretisierung im Gesetz lässt sicherlich den Spielraum hinsichtlich der Auslegung sehr gross werden, nach dem Motto „je enger die Auslegung, desto weniger kann erwartet werden."[93]

Was wird letztendlich unter einem Frühwarnsystem verstanden, um Risiken, die den Fortbestand der Gesellschaft gefährden, zu erkennen? Ist es ausreichend die Risiken mithilfe des Controllings und des Überwachungssystems zu begrenzen oder ist eine weitere Erfassung notwendig?[94]

Was aber ist mit der Gefährdung des Fortbestandes durch Veruntreuung, Betrug und Verschleierung durch Mitarbeiter, Korruption,

---

[93] Vgl. Keitsch (2000), S. 103

[94] Vgl. Keitsch (2000), S. 103

Datenmanipulation oder Wirtschaftsspionage. Zusätzlich ist hier noch zu denken an Umweltschädigungen, die durch Kostenersparnisgründen für das Unternehmen geschehen und verschwiegen werden oder gar an die organisierte Wirtschaftskriminalität.[95]

Darum ist es schlussendlich wichtig dass all Beteiligten erfahren, wie das Unternehmensmanagement und die Unternehmensaufsichtsorgane mit Risiken umgehen und damit den Fortbestand eines Unternehmens in dem sich rasant ändernden globalen Umfeld für die Zukunft zu sichern gedenken.[96]

Eine effiziente Lösung könnte in der Zukunft darin liegen, dass Risikomanagement als integrierter Teil des Führungsmodells eines Unternehmens zu begreifen und zu akzeptieren, und daraus auch die zwingende Schlussfolgerung zu ziehen, Risikomanagement als integralen Bestandteil der Schlüsselprozesse und –systeme der Unternehmensführung zu organisieren.[97]

---

[95] Vgl. Keitsch (2000), S. 103

[96] Vgl. Keitsch (2000), S. 104

[97] Exner-Merkelt/Denk (2005), S. 240

Anhang

# § 243 UGB

(1) Im Lagebericht sind der Geschäftsverlauf, einschließlich des Geschäftsergebnisses, und die Lage des Unternehmens so darzustellen, dass ein möglichst getreues Bild der Vermögens-, Finanz- und Ertragslage vermittelt wird, und die wesentlichen Risiken und Ungewissheiten, denen das Unternehmen ausgesetzt ist, zu beschreiben.

(2) Der Lagebericht hat eine ausgewogene und umfassende, dem Umfang und der Komplexität der Geschäftstätigkeit angemessene Analyse des Geschäftsverlaufs, einschließlich des Geschäftsergebnisses, und der Lage des Unternehmens zu enthalten.Abhängig von der Größe des Unternehmens und von der Komplexität des Geschäftsbetriebs hat die Analyse auf die für die jeweilige Geschäftstätigkeit wichtigsten finanziellen Leistungsindikatoren einzugehen und sie unter Bezugnahme auf die im Jahresabschluss ausgewiesenen Beträge und Angaben zu erläutern.

(3) Der Lagebericht hat auch einzugehen auf

1. Vorgänge von besonderer Bedeutung, die nach dem Schluss des Geschäftsjahrs eingetreten sind;

2. die voraussichtliche Entwicklung des Unternehmens;

3. den Bereich Forschung und Entwicklung;

4. bestehende Zweigniederlassungen der Gesellschaft;

5. die Verwendung von Finanzinstrumenten, sofern dies für die Beurteilung der Vermögens-, Finanz- und Ertragslage von Bedeutung ist; diesfalls sind anzugeben

a) die Risikomanagementziele und -methoden, einschließlich der Methoden zur Absicherung aller wichtigen Arten geplanter Transaktionen, die im Rahmen der Bilanzierung von Sicherungsgeschäften angewandt werden, und

b) bestehende Preisänderungs-, Ausfall-, Liquiditäts- und Cashflow-Risiken.

(4) Kleine Gesellschaften mit beschränkter Haftung (§ 221 Abs. 1) brauchen den Lagebericht nicht aufzustellen.

(5) Für große Kapitalgesellschaften umfasst die Analyse nach Abs. 2 letzter Satz auch die wichtigsten nichtfinanziellen Leistungsindikatoren, einschließlich Informationen über Umwelt- und Arbeitnehmerbelange. Abs. 3 bleibt unberührt.

# Quellenverzeichnis

Albers, Willi (1980): Handwörterbuch der Wirtschaftswissenschaft, UTB Verlag, Stuttgart.

Bank Austria Creditanstalt (2005): Vom Risiko zur Chance: Zins- und Wechselkursrisiko-Management für Klein- und Mittelbetriebe mit wichtigen Buchungssätzen, Bank Austria Creditanstalt, Wien.

Bank Verlag Köln (2004): Basisinformationen über Vermögensanlagen in Wertpapieren, Köln.

Bartram Söhnke M. (1999): Treasury Management in Banken: Eine ökonomische Analyse der Entwicklung und Funktiondes Geschäftsbereiches Treasury, Shaker Verlag, Aachen.

Beike, Rolf/Schlütz, Johannes (2005): Finanznachrichten lesen – verstehen – nutzen, Schäffer-Poeschel Verlag, Stuttgart.

Bungartz Oliver (2003): Risk Reporting, Verlag Wissenschaft und Praxis, München.

Burger Anton/Bucher Anton (2002): Risiko-Controlling, Ouldenburgverlag, München.

Exner-Merkelt, Karin (Hrg.)/Denk, Robert (2005): Corporate Risk Management, Linde Verlag, Wien.

HYPO Landesbank Vorarlberg (2007): Risikohinweis zu Veranlagungsgeschäften, Vorarlberg.

Jendruschewitz, Boris (2003): Value at Risk, Bankakademie-Verlag, Frankfurt am Main.

Junginger, Markus (2005): Wertorientierte Steuerung von Risiken im Informationsmanagement, Deutscher Universitätsverlag, Wiesbaden.

Keitsch, Detlef (2000): Risikomanagement, Schäffer-Poeschel Verlag, Stuttgart

Niemann, Benedikt (2007): Cash Flow at Risk-verfahren für das Risikomanagement, GRIN Verlag, München.

Romeike, Frank (2004): Lexikon Risikomanagement: 1000 Begriffe rund ums Risiko-Management nachschlagen, verstehen, anwenden, Bank-Verlag, Köln.

Schierenbeck, Henner/Moser, Hubertus (1995): Handbuch Bankcontrolling, Gabler Verlag, Wiesbaden.

Simsek, Hassan (2007): Corporate Governance – Analyse des internen Überwachungssystems, GRIN Verlag, München.

Versteegen, Gerhard (2003): Risikomanagement in IT-Projekten, Springer Verlag, Berlin.

Volksbank Gruppe (2007): Instrumente des Zins-, Währungs- und Rohstoffmanagements, Wien.

Weber, Jürgen/Hess Thomas (2004): Controlling & Management: IFRS und Controlling, Gabler Verlag, Wiesbaden.

Wolford (2007): Geschäftsbericht 2006/07, Wolford AG, Bregenz.

Wolke, Thomas (2007): Risikomanagement, R. Ouldenburg Verlag, München.

Zumtobel (2007): Geschäftsbericht 2006/07, Zumtobel Gruppe, Dornbirn.

Anmerkung: Aus dieser Liste sind Keitsch und Exner-Merkelt/Denk besonders zu empfehlen.

## Bezug von Quellen via Internet

Barborka, DKFM. Dr. Karl/Bauer, Mag. Stephan/Sterl, Mag. Richard (2005): SWK online, Lageberichterstattung nach dem Rechnungslegungsänderungsgesetz, (ReLÄG2004) http://www.swk.at/print/inhalt/2005/36/W/205a.html (Stand: 16.01.2008)

Binder&Partner (2008): Der neue Lagebericht, http://www.binder-partner.com/DOCROOT/TopNews%20Lagebericht%20neu.pdf (Stand: 18.03.2008)

Blum (2008): Berufschancen – der Mensch im Mittelpunkt, http://www.blum.com/at/de/04/50/index.php (Stand: 28.03.2008)

Blum (2008): Daten & Fakten GJ 07/08, http://www.blum.com/at/de/04/70/10/index.php (Stand: 28.03.2008)

Blum (2008): Pressemeldungen, http://www.blum.com/at/de/04/02/releases/pre_0707_025.php (Stand: 14.04.2008)

Blum (2007): Qualität und Leistung, http://www.blum.com/at/de/04/70/72/index.php (Stand: 02.12.2007)

BWL-Bote (2008): Neuregelungen im Lagebericht ab 2005, http://www.bwl-bote.de/20041210.htm (Stand: 18.03.2008)

COPS (2007): Willkommen bei COPS, http://www.copsgmbh.com/ (Stand: 02.12.2007)

COPS (2008): PMS - Integrierte Softwarelösung für Treasury, Risk- und Portfoliomanagement, http://www.copsgmbh.com/index.php?lang=DE&navid=2100000000 (Stand: 28.03.2008)

COPS (2007): Von Portfolio- und Riskmanagement zur Integration, http://www.copsgmbh.com/index.php?lang=DE&navid=2000000000 (Stand: 02.12.2007)

COPS (2007): Unternehmensporträt, http://www.copsgmbh.com/index.php?lang=DE&navid=5100000000 (Stand: 02.12.2007)

Deutsche Bank Gruppe (2006): DWS Top Aktienfonds, http://www.pensdirekt.at/PDF/Jahresbericht_Vereifachtes_Prospekt(1).pdf (Stand: 14.04.2008)

Gössi, Marc/Hortmann, Steffen (2008): Risikotragfähigkeit wird Kernelement der Banksteuerung, http://www.ifb-group.com/html/download/fachartikel/2007/Treuhaender_8-2007.pdf (Stand: 15.04.2008)

Much-net (2008): Corporate Treasury – Cash Flow at Risk, http://www.much-net.de/much-net/products/corporate/cafr/index_cafr.jsp (Stand: 14.03.2008)

Rohatschek, Roman (2006): Stellungnahme „Lageberichterstattung gemäß §§243 und 267 UGB", http://www.afrac.at/download/AFRAC_Lagebericht_Stellungnahme_Dezember_2006.pdf (Stand: 26.12.2007)

Schwabe, Jochen/Ley, Christof/Greiner, Utz (2008): Über Uns, http://www.slg.co.at/dynamic/frameset.aspx?http://www.slg.co.at/dynamic/treasury_system/webguide.aspx (Stand: 11.04.2008)

Simon Kucher&Partners (2008): Familie Blum sorgt für Kontinuität in der Führung, http://www.wirtschaftsblatt.at/archiv/321692/index.do (Stand: 12.04.2008)

Versicherungsverband Österreich (2007): LEITLINIEN zur zusätzlichen Berichterstattung bei Versicherungsunternehmen gemäß Fair-Value-Bewertungsgesetz und Rechnungslegungsänderungsgesetz 2004, www.vvo.at/mitgliederleitlinien/13.html (Stand: 18.03.2008)

vwd (2007): Das Unternehmen, http://www.vwd.com/vwd/unternehmen.htm?u=0&k=0 (Stand: 09.12.2007)

Weder Di-Mauro, Prof. Dr. Beatrice (2006): Welche Auswirkungen haben Hedge Funds auf den Finanzmärkten, http://www.macro.vwl.uni-mainz.de/downloads/SVR%20Seminar%20WS05_06/SVR_HedgeFunds.pdf (Stand: 14.04.2008)